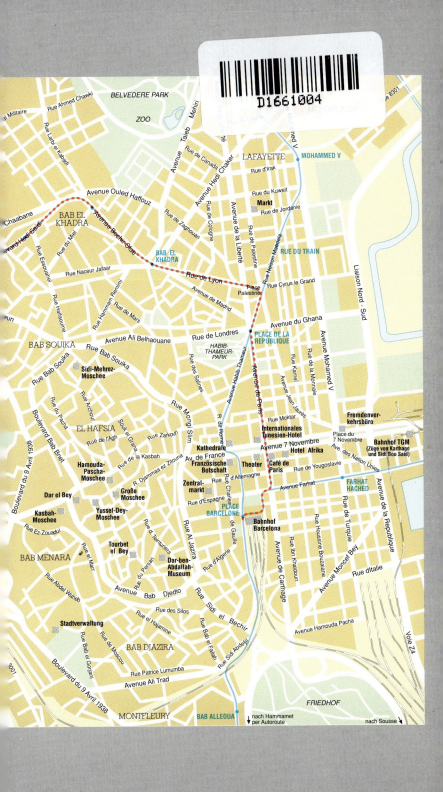

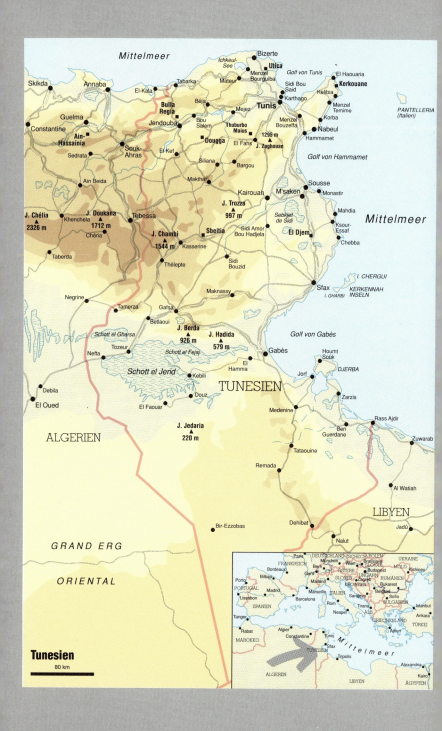

TUNESIEN

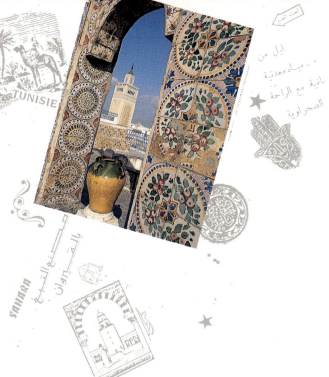

Vorgestellt von **Dorothy Stannard**

Dorothy Stannard

APA Pocket Guide:
Tunesien

Herausgeber
Hans Höfer

Text
Dorothy Stannard

Fotografie
J. D. Dallet

Design Konzept
V. Barl

Design
Carlotta Junger

Redaktion
Andrew Eames

Übersetzung
Michael Auwers

Deutsche Redaktion
Dieter Vogel

Erste Auflage

© **APA Publications (HK) Ltd, 1994**
© **APA Guides 1994**
RV Reise- und Verkehrsverlag
Berlin / Gütersloh / Leipzig / München / Potsdam / Stuttgart

Alle Rechte vorbehalten

Vertrieb:
GeoCenter
Verlagsvertrieb GmbH, München
ISBN: 3-575-21795-5

Druck:
Höfer Press (Pte) Ltd, Singapur

Reproduktionen, auch auszugsweise, nur mit Genehmigung des Verlages

Ahlen wa Sahlen!

Dorothy Stannard

Vor meiner ersten Tunesienreise hatte ich von diesem Land eigentlich nichts Neues erwartet. Ich war vertraut mit dem Kunstreichtum Ägyptens, mit der Geschäftigkeit Marokkos und erwartete eine etwas blassere Version dieser Länder – weniger fordernd, eher dem Massentourismus verschrieben, ein Land, in dem man sein Badetuch ausbreitet, statt seinen Horizont zu erweitern.

Aber Tunesien hat mich eines Besseren belehrt. Die Farben und Formen – schlichte weiße Kuppeln, üppig dekorierte Kacheln und stachlige Girlanden aus roten Pfefferschoten – faszinierten mich sofort. Im Frühling flog ich dann nach Monastir und verband eine Tour durch die blütenübersäten römischen Ruinen im Tell mit Ausflügen zu den *plages sauvages* am Cap Bon und im Norden. Das sind heute noch zwei meiner liebsten Landschaften, aber auch andere habe ich kennen- und schätzengelernt: die Heilige Stadt Kairouan, die Palmenoasen von Tozeur und Nefta, die merkwürdigen *Ksour* und die Insel Djerba im Golf von Gabès.

Der *APA Pocket Guide Tunesien* soll Besuchern des Landes helfen, auch aus einem kurzen Aufenthalt das Beste zu machen. Er ist absichtsvoll selektiv, aber doch bestrebt, die Vielfalt Tunesiens wiederzugeben. Zu diesem Zweck habe ich Tagestouren und Ausflüge zusammengestellt, die sich auf fünf Kerngebiete konzentrieren: Tunis, den Nordwesten, Sousse, die Oasen sowie Djerba und die Ksour. Unterwegs sehen Sie geheimnisvolle Medinas, heiße Quellen und das weltgrößte Mosaikenmuseum, sagenumwobene Synagogen und Berberfestungen, Palmenhaine und die berüchtigten Salzseen. Die Distanzen sind kurz, man kann alle wichtigen Punkte in zwei Wochen besuchen. Falls Sie weniger Zeit haben, lassen Sie sich von Ihren Vorlieben und den Jahreszeiten leiten.

***Ahlen wa Sahlen!* – Willkommen!**

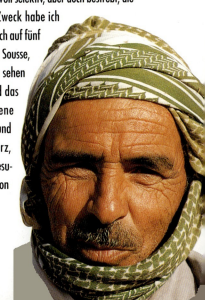

Inhalt

Willkommen 5
Geschichte und Kultur
   Eine kluge Frau 12
   Karthago gegen Rom 13
   Eroberung durch die Araber 15
   Zwischen Spaniern und Türken 15
   Protektorat Frankreichs 16
   Bourguibas Vision 17
   Zeittafel... 19

Tagestouren 20
Tunis 21
   1. Die Medina 21
   2. Karthago und Sidi Bou Said 29
   3. Cap Bon 34
   4. Nach Norden bis Bizerte 37
Nordwesten 40
   5. Die Khroumiria 41
   6. Die alten Städte des Tell 44
Sousse 48
   7. Die Medina von Sousse 49
   8. Kairouan, die Heilige Stadt 51
   9. El Djem 56
Die Oasen 59
   10. Die Bergoasen 60
   11. Sonnenuntergang über Nefta 61
   12. Der Schott el Djerid 62
Djerba & Ksour 63
   13. Djerbas „Hauptstadt" 64
   14. Zwillingsglauben 65
   15. Matmata, das Troglodytendorf 66
   16. Eine Kostprobe der Ksour 68

Einkaufen 70
Essen- & Ausgehen 74
Feiertage & Ereignisse 78

Wissenswertes 80
Anreise
   Mit dem Flugzeug, Mit dem Schiff 80
Reisetips
   Visum und Paß, Impfungen, Zoll,
   Klima und Reisezeit 80
   Stromspannung, Zeitdifferenz 81

Vorhergehende Seiten:
Der Schott el Guettar

Kleine Landeskunde
Religion, Verhaltensregeln **81**
Geldangelegenheiten **82**
Unterwegs
Transfer von und zum Flughafen,
Inlandflüge, Taxis **82**
Eisenbahn, Busse, Mietwagen,
Fahrten in der Wüste **83**
Öffnungszeiten und Feiertage
Geschäftszeiten, Gesetzliche
Feiertage, Markttage **84**
Unterkunft **84**
Nachtleben **88**
Notfälle
Hygiene und Gesundheit, Diebstahl/
Eigentumsverlust, Amtshilfe **89**
Nachrichtenwesen
Telefon **89**
Zeitungen & Zeitschriften, Fernsehen **90**
Sprache **90**
Sport **90**
Golf, Reiten, Wassersport **90**
Nützliche Informationen
Fremdenverkehrsämter **90**
Tunesische Fremdenverkehrsämter im
Ausland, Botschaften und Konsulate **91**
Bücher **91**
Register **92**

Karten
Tunis .... **UMSCHLAG VORNE**
Tunesien **2**
Tunis: Die Medina **22**
Karthago **30**
Ausflüge von Tunis **35**
Der Nordwesten **40**
Bulla Regia **43**
Dougga **46**
Sousse **49**
Ausflüge von Sousse **52**
Kairouan **54**
Die Oasen **60**
Djerba und die Ksour **64**

Nachfolgende Seiten:
Die Barbier-Moschee in Kairouan

Geschichte

Wenn Sie sich hinter die glänzende Fassade wagen, die Tunesien an seiner Ostküste mit den unzähligen Hotels und Stränden zeigt, dann betreten Sie damit eine Region, die die Zeugnisse der wechselvollen Vergangenheit des Landes birgt. Es kommen dort erstaunliche Überraschungen zutage: arabische Spezereien, maurische Torbögen, türkische Süßwaren, Berberfarben, Tätowierungen aus der Sahara und französische Eisenbahnen – die unübersehbare Hinterlassenschaft einer langen Reihe von Einwanderern und Eroberern. Viele Besucher sind vor allem vom Reichtum an antiken Stätten verblüfft. Die bedeutendste davon ist wohl die Stadt Karthago – obwohl von ihrer einstigen Pracht als Hauptstadt des punischen Reiches eigentlich nichts erhalten geblieben ist. Teilweise liegt das klassische Erbe noch unerschlossen inmitten malerischer Wildnis, so wie sie von der Romantik mit Vorliebe verklärt wurde.

Eine kluge Frau

Karthago wurde im Jahr 814 v. Chr. gegründet, der antiken Mythologie zufolge von der phönizischen Königin Dido. Der Gründungsmythos berichtet, daß der damalige Herrscher Iarbas der Königin und ihrem Gefolge soviel Land zugestand, wie sich von einer Ochsenhaut bedecken ließe. Die listige Dido ließ sich von solch verrätselter Kleinlichkeit nicht schrecken, schnitt die Haut eines Ochsen in schmale Streifen und umspannte damit den gesamten Hügel Byrsa (griechisch „Fell", „Haut") – ein trickreicher Landerwerb, der Literaten noch jahrhundertelang faszinieren sollte, von Vergils *Aeneis* über die *Eneit* Heinrichs von Veldeke bis zu Henry Purcells *Dido und Äneas*.

Mosaik der Göttin Tanit

Aus dieser Siedlung entstand später Karthago *(Qart Hadasht,* die „Neue Hauptstadt"). Da das punische Karthago von den Römern dem Erdboden gleichgemacht wurde, weiß man nur sehr wenig über die Karthager. Sicher ist, daß sie geschickte Klempner waren – man denke an die gut ausgerüsteten Badezimmer von Kerkouane am Cap Bon – und die Götter Tanit und Baal verehrten. Man weiß auch zu berichten, daß sie, um in Notzeiten (bei Krieg oder Seuchen), die Götter zu besänftigen, ihre Kinder als Menschenopfer darbrachten *(siehe* Seite 30) – ein Umstand, der im aufstrebenden Rom jenseits des Meeres rhetorisch ausgeschlachtet und als Zeichen größter Barbarei gebrandmarkt wurde.

Karthago gegen Rom

Der Konflikt zwischen Karthago und Rom – das Mittelmeer war für sie beide nicht groß genug – wurde in einer Reihe von Kriegen ausgetragen, die als die Punischen Kriege bezeichnet werden. Der Erste Punische Krieg begann 263 v. Chr., der Anlaß war die Kontrolle Siziliens, er endete nach zwanzig Jahren und zahllosen kleinen Gefechten mit einem Sieg der Römer. Im Zweiten Punischen Krieg (218-201 v. Chr.) gingen ebenfalls die Römer als Sieger hervor, obwohl der berühmte karthagische Feldherr Hannibal sie auf dem Landweg überraschte, als er mit seinem Heer samt Elefanten durch Spanien und über die Alpen zog, um Rom auf eigenem Boden anzugreifen. Der Dritte Punische Krieg (149-146 v. Chr.) erfüllte dann nach einer dreijährigen Belagerung

Hannibal überquert die Alpen

Die Wandalen zerstörten alles, was römisch war

die Forderung Catos: *Carthaginem esse delendam* („daß Karthago zerstört werden muß").

Die Stadt wurde dem Erdboden gleichgemacht, selbst in die Äcker wurde Salz untergepflügt, um jeden Wiederaufbau dauerhaft zu unterbinden. Nach und nach, als sich der Einfluß Roms in Nordafrika ausbreitete, errichteten die Römer anstelle der alten Stadt ihre eigene; was wir heute dort sehen, sind die Ruinen aus dieser Zeit.

Nordafrika war die Speisekammer Roms; von dort bezog die Weltmacht Getreide und Olivenöl – allein in Jemmel ließ Kaiser Hadrian über 15 000 Hektar mit Olivenbäumen bepflanzen. Außerdem lieferte es die wilden Tiere für die Zirkusspiele. Hier wurden Veteranen angesiedelt, und Städte wie Thugga (das heutige Dougga), Bulla Regia, Thysdrus (Jemmel), Makhtar und Sbeitla entwickelten sich zu blühenden Gemeinwesen, wie man noch heute an den Resten prächtiger Landhäuser, Tempel und Mosaike ablesen kann.

Mit dem Niedergang des Römischen Reiches fielen die Wandalen im Land ein, die sich daran machten, alles, was die Römer geschaffen hatten, wieder zu zerstören. Erst als der byzantinische Kaiser Justinian im sechsten Jahrhundert n. Chr. die Wandalen besiegte und sich an den Wiederaufbau machte, wurden diese Verwüstungen zum Teil wieder behoben. Dies war nur ein kurzes Zwischenspiel, denn schon im darauffolgenden Jahrhundert erschienen aus dem Osten neue Eroberer: die Araber unter dem wehenden Banner des Islam. Sie kamen unter der Führung von Oqbaa Ibn Nafaa, um den neuen Glauben zu verbreiten – und zwar *besiff* (durch das Schwert).

Eroberung durch die Araber

Es war bereits der dritte Einfall Oqbaa Ibn Nafaas in Tunesien, bei dem er im Jahre 670 Kairouan gründete. Wenn auch die Legende die Wahl eines derart unwirtlichen Ortes in der Wüste göttlicher

Römisches Mosaik mit tunesischen Fischern

Weisung zuschreibt – eine mit Mekka verbundene Quelle soll wundersam entsprungen und ein goldener Becher erschienen sein –, so ist diese Entscheidung doch mit vernünftigen Überlegungen zu erklären: Die Stärke der Araber lag im Kampf zu Lande, und Kairouan lag an der Karawanenstraße (daher der Name Kairouan) zwischen ihren Hauptgegnern: den Byzantinern an der Küste und den einheimischen Berbern in den Hügeln. Das Baumaterial fanden sie in den verlassenen Römerstädten.

Zunächst standen die Siedler unter der Herrschaft Bagdads, im achten Jahrhundert aber strebten sie unter Ibrahim Ben el Aghlab nach Autonomie. Dieser aus Tunesien stammende Führer versprach dem Kalifen jährliche Tributzahlungen im Austausch gegen weitgehende Selbstbestimmungsrechte. Damit begann das Jahrhundert der Aghlabiden und die goldene Zeit Kairouans. Seit dem Jahr 863 steht in der Stadt die Große Moschee, die damals auch als Zitadelle diente und die man noch heute sehen kann; Kairouan war außerdem ein wichtiges religiöses

Karawane in Kairouan

Zentrum. Handwerk und Künste florierten, der Handel blühte, die Kaufleute kontrollierten den Verkehr durch die Sahara und belieferten Sfax, Sousse und das wachsende Tunis mit Gold und Sklaven.

Bis zu dieser Zeit hatten die Berber, die Urbevölkerung Nordafrikas, alle Eindringlinge heftig abgewehrt. Diesmal jedoch nahmen sie die neue Religion des Islam an. Im Jahr 740 entstand unter ihnen die Sekte der Kharijiten, eine puritanische Form des Islam, die gegen die klassische Orthodoxie rebellierte.

Anders als in Marokko und Algerien hatten die Stämme in Tunesien keine unzugänglichen hohen Berge, die sie als Zuflucht hätten nutzen können, weshalb sie sich von Anfang an mit der arabischen Bevölkerung arrangierten. Heute sind die Grenzen zwischen Berbern und Arabern gänzlich verwischt, und die Sprache der Berber ist ausgestorben. Die Unterschiede liegen eher auf einer sozialen Ebene, zwischen der Land- und der Stadtbevölkerung, als zwischen Berbern und Arabern.

Zwischen Spaniern und Türken

Mit dem Ende der Aghlabiden-Dynastie begann auch der Niedergang Kairouans. Das südlich von Sousse gelegene Mahdia wurde nun die Hauptstadt der Fatimiden (910-969), deren Reich sich bis nach Ägypten erstreckte, doch die Hafsiden (1230-1574) verlegten

Verfechter des Glaubens

HORUSCE und HAREADEN BARBAROSSA
Könige von Tunis und Algiers und ober See Admiralen

ihren Regierungssitz nach Tunis, das für den Handel mit Europa günstiger gelegen war. Auch die anderen Häfen im Norden prosperierten.

Seit dem 15. Jahrhundert kamen von der Inquisition aus Spanien vertriebene Juden und Muslime in den Maghreb. Besonders seit 1499, als die Kirche die Zwangschristianisierung forcierte, setzte eine regelrechte Massenflucht ein. Schätzungsweise 80 000 andalusische Flüchtlinge kamen allein im Jahr 1609 und brachten ihr Wissen und ihre Künste mit.

Zugleich versuchte Spanien nach Nordafrika zu expandieren – an der tunesischen Küste entstanden spanische Festungsanlagen. Die geschwächten Hafsiden waren gezwungen, sich hilfesuchend an türkische Korsaren zu wenden – zuerst an die Brüder Barbarossa, später dann an Draghut, „das gezückte Schwert des Islam". In der Folge wurde Tunesien zum Schauplatz der Kriege zwischen Spanien und dem Osmanischen Reich. Schließlich gelang es den Türken im Jahr 1574 unter großen Anstrengungen, die Spanier endgültig zu vertreiben, und Tunesien wurde Teil des Osmanischen Reiches.

Der türkische Einfluß ist in Tunis deutlich zu spüren, besonders in der Umgebung der Zitouna-Moschee in der Medina. Die Moscheen und *zaouias* (religiöse Zentren) weisen hier die achteckigen Minarette im türkischen Stil auf – im Gegensatz zu den quadratischen maghrebinischen. Über der viel früher entstandenen Zitouna erhebt sich ein solches Minarett.

Die Regierungsgewalt lag in den Händen eines Paschas, der vom Herrscher in Konstantinopel ernannt wurde. Er delegierte Finanzen und Verwaltungsaufgaben an die Beys, militärische Angelegenheiten an die Deys, hohe Armeeoffiziere. Nach und nach erlangte das Land jedoch weitgehende Unabhängigkeit vom türkischen Reich.

Protektorat Frankreichs

Unterdessen nahm das wirtschaftliche Interesse Europas an Tunesien zu. Auslandskredite kräftigten die Wirtschaft, und im Jahr 1857 erhielten Nichtmuslime durch eine Gesetzesnovelle den gleichen rechtlichen Status wie Muslime, insbesondere das Recht, Land zu besitzen. Ahmed Bey (Regierungszeit 1837-1854), der nach europäischer Anerkennung strebte, schmückte seinen Palast mit Porträts von Napoleon und reorganisierte die tunesische Armee nach modernem europäischen Vorbild.

Als beim Berliner Kongreß des Jahres 1878 das zerfallende Osmanische Reich zur Disposition stand, wurden auch auf Tunesien begehrliche Blicke gerichtet, besonders von seiten Frankreichs und Italiens. Letztendlich war Frankreich erfolgreich. Algerien war schon seit 1830 französische Kolonie, und als tunesische Stammeskrieger in Algerien einfielen, um Vieh zu rauben, war dies der Vorwand, in Tunesien einzumarschieren. Im Jahr 1883 wurde der neue Status des Landes als französisches Protektorat durch den Vertrag von Bardo formell bestätigt.

Das neue Regime ließ Straßen und Eisenbahnen bauen, stärkte die Landwirtschaft (unter anderem, indem es den Weinbau aus einem langen Winterschlaf wiedererweckte) und rief neue Industrien, vor allem den Phosphatbergbau, ins Leben. Viele Menschen in Tunesien begannen nun erstmals, sich nach europäischer Sitte zu kleiden.

Der Widerstand gegen die französische Besatzung formierte sich nach dem Vorbild der „Jungtürken" in der Gruppe der „Jungtunesier". Sie entstammten meist der oberen Mittelklasse – fast alle hatten ihre Ausbildung im angesehenen Sadiki-College in Tunis erhalten – und fochten für die tunesische Nation lieber auf intellektuell-ideologischer Ebene als auf den Straßen. 1920 entwickelte sich aus der Gruppe die Destour-Partei.

Erst mit dem Auftauchen von Habib Bourguiba fand die Partei einen populären Sprecher. Obwohl er „europäisiert" und mit einer Französin verheiratet war (und sich später sogar um „fortschrittliche" Reformen im islamisch verschleierten Tunesien bemühte), gelang es ihm, eine allgemeine Entrüstung über den Niedergang der tunesischen Sitten, Sprache und Kleidung zu entfachen.

Für seine Zwecke bildete er 1934 die Neo-Destour-Partei und wurde Berufspolitiker. Die Partei war 20 Jahre lang illegal, Bourguiba selbst stand oft unter Hausarrest oder saß im Gefängnis. Tunesiens Weg in die Unabhängigkeit war lang, hart und vom Terror beider Seiten bedroht: durch die nationalistischen Fellagha-Guerrilleros und durch die „Rote Hand" der französischen *colons*.

Bourguibas Vision

Am 20. März des Jahres 1956 wurde Tunesien in die Unabhängigkeit entlassen. Kurz darauf wurde Bourguiba Präsident – ein Amt, das er 31 Jahre lang bekleiden sollte. Seine Verdienste sind vielfältig: allgemeine Schulpflicht, verbesser-

Präsident Bourguiba

Ben Alis Konterfei prangt überall

te Gesundheitsvorsorge, Ansiedlung von Industriebetrieben, Gleichberechtigung der Frau, Abschaffung der Polygamie ... Cap Bon und Sousse-Monastir wurden für den Tourismus erschlossen, und Mitte der siebziger Jahre wurde Port el Kantaoui gebaut, eine in sich geschlossene tunesische Version Disneylands für Touristen.

Doch Bourguibas Regierung rückte in gefährliche Nähe zu totalitärem Despotismus, besonders als er in den letzten Jahren seines Regimes die Kontrolle über die Ereignisse verlor. Von Anfang an wurden alle oppositionellen Ansätze unterdrückt, die Medien zensiert und ein Personenkult inszeniert: riesige Porträts an öffentlichen Plätzen, Umänderung von Straßennamen zu Ehren des Präsidenten usw. 1974 wurde Bourguiba zum „Präsidenten auf Lebenszeit" gewählt.

Zuletzt hatte ihn sein Gespür für die öffentliche Meinung verlassen. Die Vision eines modernen, säkularen Tunesien berücksichtigte nicht die Bedeutung von Tradition und Religion für den einfachen Mann in der Kasbah. Bourguibas wiederholte Mißachtung islamischer Grundsätze wurde mit wachsender Mißbilligung verfolgt, bis er schließlich durch den sogenannten „Ärzteputsch" aus dem Amt gejagt wurde. Ironischerweise war es gerade sein politischer Ziehsohn, der Premierminister Zine Alabadine Ben Ali, der ihn am 7. November 1987 von sieben Ärzten für senil und regierungsunfähig erklären ließ.

Ben Ali wurde der nächste Präsident. Nach der Machtübernahme führte er verschiedene Reformen durch und begann eine vorsichtige Abkehr vom Einparteienstaat. Innerhalb von zwei Jahren wurden 10 000 oppositionelle Tunesier, darunter viele islamische Fundamentalisten, aus dem Gefängnis entlassen. Fünf Jahre später allerdings wurden die Reformen teilweise wieder zurückgenommen. Durch den wachsenden Einfluß des Fundamentalismus in anderen islamischen Staaten beunruhigt, hat die Regierung inzwischen die Veröffentlichung von Kommuniqués der Islamischen Bewegung ebenso verboten wie die der tunesischen Menschenrechtsliga.

Man versucht es wieder mit den alten Methoden. Die Porträts von Bourguiba sind durch Ben Alis Konterfei ersetzt worden, und die Prachtstraßen heißen jetzt „Avenue 7 Novembre", zur Erinnerung an den Tag der Machtergreifung. Eine der hoffnungsvollsten Demokratisierungsbewegungen der arabischen Welt ist offenbar zum Stillstand gekommen.

Zwei Welten begegnen sich

Zeittafel

1000 v.Chr. Phönizische Händler gründen an der nordafrikanischen Küste Hafenstädte.

814 v.Chr. Gründung Karthagos.

700-409 v.Chr. Zunehmende Handelskonflikte zwischen Griechenland und Karthago. Die Zahl der Kindesopfer steigt, um die Götter Tanit und Baal gnädig zu stimmen.

263 v.Chr. Feindseligkeiten zwischen Rom und Karthago: Erster Punischer Krieg. Streitpunkt ist der Besitz von Sizilien.

218-201 v.Chr. Zweiter Punischer Krieg. Hannibal überquert mit seinen Elefanten die Alpen.

146 v.Chr. Der Dritte Punische Krieg endet mit der vollständigen Zerstörung Karthagos.

1.u.2.Jh.n.Chr. Römische Expansion. Neue Städte werden gegründet, oft auf den Ruinen punischer Siedlungen.

3.Jh. Das Christentum breitet sich im römischen Nordafrika aus. Mosaike mit christlichen Themen.

429 Invasion der Wandalen.

534 Byzantiner vertreiben die Wandalen und versuchen, die Kontrolle wiederzugewinnen.

647–670 Die Araber schlagen die Byzantiner und führen den Islam ein. Gründung Kairouans durch Oqbaa Ibn Nafaa.

8.Jh. Unter den Berbern breitet sich die Sekte der Kharijiten aus.

800–909 Die Aghlabiden-Dynastie unterdrückt die Kharijiten. Goldenes Zeitalter Kairouans.

910–969 Die Fatimiden regieren von Mahdia aus. 969 Verlegung der Hauptstadt nach Kairo.

1148 Roger II. von Sizilien erwirbt Djerba, Mahdia, Gabès und Sfax.

1159–1230 Die Christen werden von den Almohaden vertrieben, deren kurze, aber effektive Herrschaft über den gesamten Maghreb von Marrakesch ausgeht.

1230-1574 Die Hafsiden regieren von Tunis aus, das viele Kaufleute aus Europa anzieht.

1270 Fehlgeschlagener Kreuzzug Ludwigs IX. gegen Tunesien.

1332 Der arabische Historiker und Philosoph Ibn Khaldoun kommt in Tunis auf die Welt.

1492 Die Einwanderung der Muslime und Juden aus Spanien erreicht mit dem Fall Granadas ihren Höhepunkt. Die Neuankömmlinge bringen wichtige handwerkliche, kunsthandwerkliche und landwirtschaftliche Kenntnisse mit.

1534-81 Tunis wird zum Spielball im Streit zwischen der Türkei und Spanien. Ab 1574 wird es Teil des Osmanischen Reiches.

17.Jh. Höhepunkt der Piraterie im Mittelmeer.

1705-1881 Zeitalter der husseinitischen Beys; die Türkei übt nur nominell die Oberherrschaft aus. Rege sakrale Bautätigkeit, vor allem in Tunis. Aufnahme ausländischer Kredite, um die ausgeblutete Staatskasse zu füllen.

1881 Invasion der Franzosen.

1883 Der Vertrag von Bardo besiegelt Tunesiens Status als französisches Protektorat.

1934 Der Widerstand gegen die Kolonialherren konzentriert sich in der von Habib Bourguiba gegründeten Neo-Destour-Partei.

1942-1943 Im Tunesienfeldzug erlebt das Land einige der heftigsten Kämpfe des Wüstenkrieges.

1956-1957 Unabhängigkeit. Bourguiba wird Präsident. Gleichberechtigung der Frau und Abschaffung der Polygamie.

1987 Bourguiba wird für senil erklärt und des Amtes enthoben. Der Führer des Putsches, Ben Ali, wird neuer Präsident. Tausende politischer Gefangener werden amnestiert und aus dem Gefängnis entlassen.

1992 Die versprochenen demokratischen Reformen werden nicht durchgeführt. Verfolgung der religiösen Fundamentalisten. Einführung der Pressezensur.

TAGESTO

Als Touristenziel ist Tunis nicht so beliebt wie die Küstenstädte im Süden: Man denkt bei dieser Stadt eher an Geschäfte als an Urlaub. Für den Reisenden bildet die Stadt aber einen guten Ausgangspunkt für Ausflüge und Tagestouren. In einer Stunde Fahrt mit dem Auto oder Bus erreicht man die schönsten Reiseziele des Landes: feine Sandstrände, idyllische Ländlichkeit, römische Ruinen, den Ichkeul-See oder Hammamet, die ansprechendste der Touristenhochburgen. Näher liegen die Ruinen Karthagos und das Hügeldorf Sidi Bou Said; beide erreicht man leicht mit der Vorortbahn von Tunis aus.

Tunis entwickelte sich unter den Arabern zur Großstadt. Im neunten Jahrhundert beendeten die Aghlabiden den Bau der Zitouna-Moschee, und im 13. Jahrhundert machte die Hafsiden-Dynastie Tunis zu ihrer Hauptstadt. Die Stadt empfiehlt sich mit ihrer Medina, an der man den türkischen Einfluß noch in den achteckigen Minaretten, den traditionellen Cafés und Ladenfassaden erkennen kann. Besuchen Sie auch das berühmte Bardo-Museum und seine exquisite Sammlung römischer Mosaike.

Tunis bietet eine Reihe guter Restaurants und preiswerte, gut geführte Hotels, außerdem herrschen hier das Selbstbewußtsein und der Stil einer Großstadt: ein erfrischender Kontrast zu den übrigen Landesteilen, die entweder von der Landwirtschaft leben (und dementsprechend arm sind) oder gänzlich dem Tourismus verfallen bzw. so auf die Förderung von Phosphaten und Erdöl versessen sind, daß alle kulturellen Interessen hintangestellt werden.

Die Avenue 7 Novembre und die Kathedrale von Tunis

Kacheln der Medina

Tunis

1. Die Medina

Ein ganzer Tag in Tunis. Spaziergang durch die Medina (vgl. die Karte auf der folgenden Seite) und ein Besuch des Tourbet el Bey und der Souks; Mittagessen im Schatten der Zitouna-Moschee. Nachmittags ins Bardo-Museum.

Es wird ein langer Tag, Sie sollten also früh aufbrechen und festes Schuhwerk tragen. Falls Sie länger in Tunis bleiben, können Sie sich Zeit lassen und die Tour auf zwei Tage verteilen, indem Sie einen Tag in der Medina und einen im Bardo verbringen. (Achtung: das Museum ist montags geschlossen!) Der ideale Abschluß eines langen Tages in der Großstadt ist der Besuch eines hammam *(türkischen Bades).*

Beginnen Sie den Tag mit einem stärkenden Kaffee auf der Terrasse des **Café de France** an der **Avenue 7 Novembre** (der früheren Avenue Habib Bourguiba), der geschäftigen Verbindung zwischen der Place du 7 Novembre und der Medina. Da die meisten Cafés in Tunis den italienischen Espresso-Bars gleichen, sind die Plätze an den Tischen draußen sehr begehrt. Sie müssen ziemlich schnell sein, um den routinierten Einheimischen zuvorzukommen.

Nach dem Kaffee gehen Sie links die Fußgängerzone der Avenue hinunter, wo die Blumenhändler die Bürgersteige sauberspülen und bunte Sträuße für den Tag vorbereiten. Besonders am Morgen ist die Avenue in ihrem Blumenschmuck, dem Vogelgezwitscher und der erfrischenden Kühle ein angenehmer Ort. Von den Gebäuden zu

Auf der Avenue

In der Medina

beiden Seiten stammen einige aus der Kolonialzeit, z.B. das Theater, die französische Botschaft und die gegenüberliegende katholische Kathedrale. Dazwischen steht das Denkmal des im 14. Jahrhundert in Tunis geborenen Historikers Ibn Khaldoun. Ab hier heißt die Straße **Avenue de France,** und die Blumenverkäufer werden von Marktständen und Schuhputzern abgelöst. Sie endet an der Place de la Victoire und dem Bab el Bahar, dem Hafsiden-Tor, das den Eingang zur Medina markiert.

Von hier führen mehrere enge Gassen durch die Medina. Auf der **Rue Djamaa ez Zitouna** gelangen Sie zur Zitouna-Moschee. Der Weg ist gesäumt von Souvenirständen, aber zwischen dem vielfältigen Kitsch finden Sie auch einige interessante Läden, in denen die Einheimischen einkaufen. Weiter innen in der Medina haben sich die verschiedenen Gewerbe nach mittelalterlicher Zunftmanier jeweils in eigenen Gassen niedergelassen. Die Unterteilung ist jedoch nicht mehr so streng: Gold- und Silberschmiede z.B. haben sich in fast allen Straßen um die Zitouna-Moschee ausgebreitet, auch im Souk de la Laine, dem Wolle-Souk.

Die Strecke führt unter blauen Holzbogen und -balkonen hindurch und steigt stetig an. Kurz vor der Moschee führt sie in eine lange, überdachte Arkade mit Geschäften – wir kommen später hierher zurück. Zuerst biegen Sie kurz vor den Arkaden links in den **Souk el Blat** zum Tourbet el Bey ein, dem Mausoleum der Husseiniten-Dynastie. Hier wird die Altstadt von geschäftigem Handel erfüllt, und der ruhige obere Teil des Souks wechselt zu einem lebhaf-

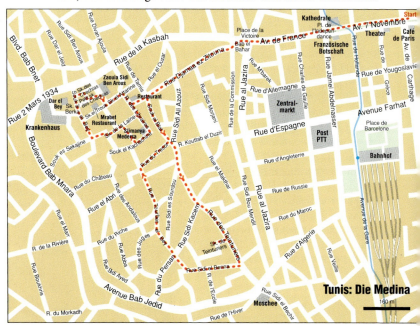

Tunis: Die Medina

ten Markt mit traditionellen Apotheker- und Lebensmittelständen, zwischen denen rot-grüne Säulen an die Zeit der Türken erinnern.

Am Ende des Marktes geht es rechts in die **Rue des Teinturiers,** die sich gabelt und dabei links zuerst den Namen Rue Dar ben Abdallah führt, später aber wieder zur Rue des Teinturiers wird. (Die rechte Gabelung ist die Rue Sidi es Sourdou.) Das achteckige Minarett gehört zur **Mosque des Teinturiers,** die auch als Mosque Jdid („Neue Moschee") bekannt ist – eines der prächtigen Gebäude, die während der wirtschaftlichen Blüte im 18. Jahrhundert entstanden.

Gleich hinter der Moschee sehen Sie rechts einen Wegweiser zum Stadtpalast **Dar ben Abdallah** (Mo-Sa 9.30-16.30 Uhr), in dem ein Museum für „tunesisches Leben im 19. Jahrhundert" untergebracht ist. Werfen Sie einen Blick hinein, wenn Sie Zeit und Lust haben! Am Eingang verzeichnet ein alter Plan der Medina die *hammams* der Altstadt – eine hilfreiche Übersicht, falls Sie nach dem Stadtspaziergang ein Dampfbad nehmen wollen.

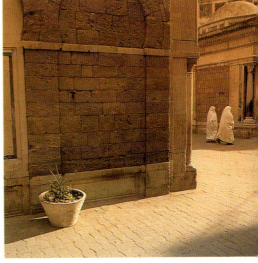

Das Tourbet el Bey

Von der Rue des Teinturiers geht dann eine Gasse nach rechts ab: die **Petit Souk des Teinturiers,** in der die Färber ihrem Handwerk nachgehen. Man kann sie schon am stechenden Geruch der frisch getauchten Wollstränge erkennen. Etwas weiter gelangen Sie zu einer Reihe von Märkten. Biegen Sie vor den Fischständen rechts in die Rue Sidi el Benna, eine ruhige Wohnstraße, die allerdings wegen ihrer eisenbeschlagenen Türen und der schmiedeeisernen Verzierungen bemerkenswert ist. Wenn Sie gegen Ende der Straße rechts abbiegen, kommen Sie auf die Rue Tourbet el Bey, über die man, am Tourbet el Bey vorbei, dem Mausoleum der Husseiniten-Beys, zur Großen Moschee zurückkommt.

Das *tourbet* (**Mausoleum**) ist seiner grünen Kuppeln wegen unübersehbar. Es wird momentan zwar von der Association de Sauvegarde de la Medina restauriert, ist aber für Besucher geöffnet (z. Zt. kostenlos). Die Husseiniten regierten Tunesien vom 18. Jahrhundert bis zur Unabhängigkeit im Jahr 1957. Das Mausoleum wurde von Ali Pascha II. Mitte des 18. Jahrhunderts errichtet. Jeder der gekachelten Räume ist voller Gräber; diejenigen der männlichen Dynastiemitglieder sind nach türkischer Art von einem Fes oder einem Turban gekrönt.

Die Zitouna-Moschee

Weiter die Rue Tourbet el Bey entlang, kommen Sie an einer kleinen Moschee (Nr. 41) vorbei, in der Ibn Khaldoun studiert hat, sowie an seinem Geburtshaus (Nr. 33). Rechts durch die Rue Trésor und dann links über den Souk el Blat gelangen Sie zu Ihrem Ausgangspunkt in der Rue Djamaa ez Zitouna zurück.

Von hier aus kommen Sie durch einen überdachten Torweg zur Zitouna-Moschee. Achten Sie dabei auf das namenlose Restaurant auf der rechten Innenseite des Tors, das ich Ihnen schon jetzt fürs Mittagessen empfehlen möchte.

Die **Zitouna-Moschee** (Ölbaum-Moschee) oder auch Große Moschee (Sa-Do 8-12 Uhr) ist das spirituelle Herz der Medina. Bis in die sechziger Jahre war sie auch Zentrum theologischer Studien, dann verlegte Präsident Bourguiba die Islamstudien an die Universität, um den Einfluß der *imams* einzuschränken. Schon im achten Jahrhundert begannen die Omajaden hier mit dem Bau einer Moschee, die von den Aghlabiden im neunten Jahrhundert vollendet wurde und damals nur ein Drittel des Ausmaßes der Großen Moschee in Kairouan erreichte. Im Laufe der Jahrhunderte ist sie vielfach ausgebaut, renoviert und neu verziert worden, so daß nur noch die Gebetshalle relativ unverändert geblieben ist. Wie bei der Großen Moschee in Kairouan sind auch bei diesem Bau zahlreiche römische Säulen verwendet worden. Als Nichtmuslim kann man jedoch nur wenige davon sehen, da man nur die Aussichtsplattform über dem steinernen *sahn* (Hof) betreten darf.

Wenn Sie die Moschee verlassen, halten Sie sich rechts, dann etwas links und gleich wieder rechts in die Rue des Librairies, in der es mehrere Medersen gibt, Internate, in denen die Theologiestudenten der Moschee lebten und lernten. Die **Palmen-Medersa** (1714) liegt gleich rechts, man erkennt sie an der gelben beschlagenen Tür; die **Bachiya-Medersa** (1752) liegt gegenüber einem improvisierten Café und einem *hammam*; die **Es-Slimanya-Medersa** (1754), die von Ali Pascha zum Gedenken an die Grablegung seines Sohnes errichtet wurde, steht an der Ecke Rue des Librairies/Rue de la Medersa Slimanya. Die Medersen werden alle renoviert und sind möglicherweise nicht zu besichtigen.

Über die Rue de la Medersa Slimanya und durch zwei grüne Türen kommen Sie zum Souk el Kachachine. Nehmen Sie die dritte

Gasse rechts, und Sie gelangen zum **Souk des Femmes** (Markt der Frauen), wo die Mütter der Hauptstadt um Stoffe feilschen und die Schneider über ihren altertümlichen Nähmaschinen kauern. Links kommen Sie dann in den **Souk de la Laine** (Wollmarkt), den inzwischen fast die Juweliere übernommen haben, und biegen an dessen Ende nach rechts in einen namenlosen Souk ein, den Sie an einem schlüssellochförmigen Torbogen weiter vorne erkennen. Am **Souk el Leffa,** der vor allem wegen seiner Teppiche bekannt ist, geht es nach links und dann durch zwei grüne Türen die zweite Gasse nach rechts in einen großen Schmuck-Souk. Die Fassaden der Geschäfte hier sind in zarten Pastelltönen gehalten und mit arabisch-türkischen Motiven verziert: angemessene Schmuckschatullen für die Kostbarkeiten, die sie enthalten.

Nach einigen Schritten führt Sie der Weg über den **Souk el Berka,** einen kleinen gedeckten Markt, dessen Gewölbe von grün-rot gestreiften Säulen getragen wird. Früher fand hier der Sklavenmarkt statt, und noch bis 1841 konnte man schwarzafrikanische Gefangene oder christliche Opfer der muslimischen Piraten ersteigern. Dann ließ Ahmed Bey den Markt schließen und die Sklaverei verbieten, um sich Europa geneigter zu machen. Zugleich jedoch ging er dadurch bankrott.

Wir gelangen nun auf eine breitere Durchgangsstraße, an der sich ebenfalls Juweliere niedergelassen haben. An einem Stand wird Gold gewogen und taxiert; der Preis für eine Goldarbeit errechnet sich aus dem Gewicht und einem geringen Aufschlag für die handwerkliche Arbeit. Linkerhand können Sie kurz hinter dem Souk in die Rue Sidi Ben Ziad blicken: Zu sehen ist ein achteckiges Minarett, das der Sidi-Yussef-Moschee, die von Yussef Dey 1616 für die osmanischen Truppen errichtet wurde. Durch die blauen Türen kommen Sie dann in den **Souk el Bey,** in dem Sie linkerhand die Rückseite des Dar el Bey sehen. Der ehemalige Palast der Beys beherbergt heute die Amtsräume des Premier- und des Außenministers.

Durch die zweite Tür rechts gelangt man in den **Souk des Chechias.** *Chechia* wird der rote Fes genannt, der von den älteren Herren der Hauptstadt so geschätzt wird. Die hohe Gewölbedecke des Souks, die vergoldeten Spiegel und seine Arabesken machen diesen Ort zu einem der bezauberndsten der Medina. Jede Nische entlang dieses schattigen Souks ist ein Geschäft mit angeschlossener Werkstatt, in der die Hutmacher die Filzfasern der Fese aufbürsten. Einst belieferte der Souk des Chechias Städte in ganz Nordafrika und dem gesamten Nahen Osten,

Hier muß gefeilscht werden

Im Erdgeschoß des Mrabet

aber mittlerweile sieht es leider so aus, als gingen die Geschäfte von Jahr zu Jahr schlechter.

An den Souk des Chechias stößt ein langgestrecktes Café, das mit dem parallel verlaufenden **Petit Souk des Chechias** verbunden ist. Hier treffen sich zwischen den Wandgemälden und beim Duft des türkischen Kaffees Geschäftsleute und Hutmacher. Legen Sie bei einem *café Turc* oder einer *boga* (Limonade) und den Düften der Wasserpfeifen eine Pause ein, oder probieren Sie einen Zug aus der ebenfalls von den Türken eingeführten Wasserpfeife. Man raucht ganz normalen Tabak, auch wenn Neulinge hinter dem ungewohnten Geschmack oft Stärkeres vermuten. Eine ganze Pfeifenfüllung kostet tD 1,4, eine halbe tD 1.

Inzwischen dürfte es Zeit fürs Mittagessen sein. Zu unserem vorgemerkten Restaurant bei der Großen Moschee gelangen Sie, wenn Sie bis zum unteren Ende des Petit Souk des Chechias gehen, der genau gegenüber der Hamouda-Pascha-Moschee in die Rue Sidi ben Arous mündet. Wenden Sie sich nach rechts und gehen Sie in Richtung des quadratischen (also maghrebinischen und nicht türkischen) Minaretts der Zitouna-Moschee. Rechts sehen Sie die grünen Türen der Zaouia des Ben Arous, eines bedeutenden Sufi-Mystikers. Am Ende der Rue Sidi ben Arous kommen Sie links in den belebten **Souk Attarine** (Parfüm-Souk). Hier können Sie sich Ihren ganz persönlichen Duft kreieren lassen oder aber Kopien fast jeder internationalen Parfümmarke erwerben. Verlassen Sie den Souk neben der Zitouna-Moschee, und gehen

Fese aus Filz

Sie dann an deren Vorderseite entlang zum oberen Ende der Rue Djemaa ez Zitouna.

Das **Restaurant** wird sowohl von den Markthändlern als auch von den Beamten des Dar el Bey besucht; das Essen – meist haben Sie die Wahl zwischen Fisch, Hühnchen oder *tajine* – ist preiswert und das Ambiente angenehm. Falls Sie auf etwas Gehobeneres aus sind und die Gesellschaft von Pauschaltouristen nicht scheuen, können Sie auch den Souk el Attarine wieder zurückgehen bis zum Souk el Trouk (Türken-Souk). Dort finden Sie auf halbem Weg im Schatten auf der rechten Seite eine Tür, die ins **Mrabet** führt, ein über den Gräbern von drei Heiligen Männern erbautes Restaurant. (Im Erdgeschoß ist ein traditionelles Restaurant untergebracht, das Mrabet ist im ersten Stock.)

Sie sollten das Essen und den Besuch der Medina bis etwa 14 Uhr beenden, damit Sie noch mindestens zwei Stunden Zeit für das **Bardo-Museum** haben (9.30-16.30 Uhr, Mo und an Feiertagen geschlossen). Mit dem Bus der Linie 3 von der Avenue 7 Novembre kommen Sie direkt zum Museum; Sie können auch eine Straßenbahn der Linie 4, der Métro-Linie, ab Barcelona-Bahnhof, Avenue de Paris oder Place de la République bis zur jetzigen Endstation Boulevard 20 Mars nehmen, von dort aus sind es nur noch wenige Minuten zu Fuß den Boulevard entlang bis zum Museum (diese Linie ist in der Karte auf der vorderen Umschlagseite eingezeichnet).

Das Museum ist in einem Bey-Palast aus dem 19. Jahrhundert untergebracht, den es mit dem tunesischen Repräsentantenhaus teilt. Das Gebäude ist eine eigenartige Mischung aus europäischem Klassizismus und traditioneller maurischer Architektur, mit schlanken Säulen, Arkadengängen und Fayencekacheln. Im oberen Stock ist ein gutes Islamisches Museum untergebracht, die eigentliche Attraktion sind aber die römischen Mosaiken an den Wänden und auf dem Fußboden.

Parfümhersteller auf dem Souk el Attarine

Einige Säle sind einzelnen Städten gewidmet (z.B. Bulla Regia, Thuburbo Majus, Dougga), andere sind thematisch gruppiert: die Räume der Stelen, der Gräber, der frühchristlichen Funde oder der Mosaiken mit wilden Tieren. Es ist schwierig, einzelnes hervorzuheben, aber die Darstellungen von Perseus und Andromeda (Salle VII), Vergil und den Musen (Vergilius-Raum, oberes Stockwerk) sowie von Odysseus und den Sirenen sollten Sie keinesfalls übersehen. Viele der Mosaiken zeigen mythologische Motive, andere stellen das Alltagsleben im römischen *Africa* dar. Der landwirtschaftliche Kalen-

Odysseus und die Sirenen

der und die Jagdszenen illustrieren anschaulich die Doppelrolle dieser Region als Lieferant Roms für Brot und Spiele. Die Kaiser siedelten im nördlichen Afrika verdiente Veteranen an, denen sie zum Dank für deren treue Dienste oft großzügige Landschenkungen machten. In den Landhäusern dieser Altgedienten wurden die meisten der Mosaiken gefunden.

Das Nachtleben in Tunis ist nicht unbedingt atemberaubend. Wenn die Hektik der letzten Einkäufer gegen 19 Uhr nachläßt, drängen die Menschen den Straßen um die Avenue 7 Novembre zu. Falls Sie während der Theatersaison (Oktober bis Juni) in der Stadt sind, können Sie ins **Theater** (Ecke Rue de Grèce/Avenue 7 Novembre) oder in einen der Nachtklubs der großen Hotels (Hotel Africa Méridien und Oriental Palace Hotel) gehen. Dort geben gelegentlich auch bekannte arabische Sängerinnen ein Gastspiel – vielleicht haben Sie Glück, denn dann ist die überschäumende Begeisterung der Zuschauer fast noch sehenswerter als der Auftritt selbst.

Sie können auch einfach nur einen Cocktail trinken, vielleicht auf der oberen Terrasse des etwas heruntergekommenen, aber immer noch eleganten **Hotel Majestic** an der Avenue Paris, und dann Essen gehen (*siehe* S. 74 ff: „Essen- und Ausgehen"). Oder Sie folgen den teuren Autos, die zu den Restaurants und Nachtklubs an der **Küste** zwischen **La Goulette** (gute Fischrestaurants!) und La Marsa hinausfahren.

Falls Sie keinen eigenen Wagen haben, können Sie auch mit der Vorortbahn TGM nach **Sidi Bou Said** fahren, wo man nach dem Essen und einem nächtlichen Spaziergang noch einen *café Turc* im stets populären **Café des Nattes** trinken kann (*siehe auch* Tour 2: „Karthago und Sidi Bou Said", S. 33).

Das Bardo-Museum ist berühmt für seine römischen Mosaiken

2. Karthago und Sidi Bou Said

Ein Tag, an dem Sie das Beste vom alten Karthago sehen (vgl. Karte S. 30); abends geht's dann in das Dorf Sidi Bou Said.

Mit der Vorortbahn TGM fahren Sie von der Haltestelle am Ende der Avenue 7 Novembre in Tunis bis nach Salammbo. Ziehen Sie bequeme Schuhe an, und vergessen Sie einen Sonnenhut nicht. Nehmen Sie außerdem Badezeug mit und für den Abend einen Pullover.

Die Ruinen des alten, 814 v. Chr. gegründeten Karthago sind nordöstlich von Tunis an der Küste verstreut. Sie liegen jenseits des Sees von Tunis, eines wenig beeindruckenden Gewässers, das von Docks und Fabriken gesäumt wird und nur ab dem Spätsommer von durchziehenden Flamingos einige Farbtupfer erhält. Zwischen La Goulette und La Marsa wohnen die Wohlhabenden der Hauptstadt, die ihre weißen, blumengeschmückten Villen zwischen den antiken Ruinen errichten.

Reiseführer weisen vielfach darauf hin, daß Karthago doch recht enttäuschend sei. Aber wenn man auf die sonderbare Vorortlage gefaßt ist und nicht mit zu hohen Erwartungen in die Bahn steigt, kann ein Tag in den verstreuten Stätten sehr befriedigend sein. Offiziell sind die Ausgrabungen im Sommer von 7 bis 19 Uhr und im Winter von 8 bis 17 Uhr geöffnet, sicherheitshalber sollte man jedoch nicht vor 8 bzw. 9 Uhr eintreffen.

Das Heiligtum von Tophet

Wenn man von Tunis kommt, ist die erste antike Stätte das **Tophet** *(Sanctuaire Punique)*, das Freiluft-Heiligtum, in dem Karthago den Göttern Tanit und Baal Kinderopfer darbrachte. Steigen Sie an der Haltestelle Carthage Salammbo aus, überqueren Sie die Straße – jedoch nicht die Eisenbahnlinien! – und gehen Sie geradeaus weiter. Halten Sie sich am Stoppschild links und folgen Sie den Schildern zum *Sanctuaire Punique* (unterwegs kommen Sie an der Résidence de Carthage vorbei). Der Eingang zum Tophet ist rechts; eigentlich bräuchten Sie eine Eintrittskarte – die bekommen Sie aber zur Zeit nur bei den Römischen Villen *(Villas Romaines)* drei Kilometer weiter.

Punische Opfermaske

Am besten geben Sie dem Wächter ein kleines *pourboire* (Trinkgeld). Hinter dem Kartenhäuschen biegen Sie nach rechts und folgen dem ausgeschilderten Rundgang. Zwischen den Sträuchern und Steinen finden Sie Unmengen von Stelen, einige tragen das Zeichen der Göttin Tanit und ein oder zwei zeigen einen Priester, der ein Kind trägt. Der Weg führt zu einer unterirdischen Kammer: dem Schauplatz der Opferungen. Die Urnen mit den Überresten der verbrannten Leichen wurden unter den Stelen mit Amuletten, Perlen und grimassierenden Maskenbegraben.

Kindsopfer und Tieropfer fanden in Karthago seit Gründung der Stadt (814 v. Chr.) bis zur endgültigen Niederlage gegen die Römer im Jahr 146 v. Chr. statt, jedoch nur in Zeiten der größten Staatsnot. Die Opfer waren meist Erstgeborene und nicht älter als drei Jahre. Sie wurden zuerst erdrosselt, dann in die Arme einer Statue gelegt und dort verbrannt. Ihre Asche verschloß man anschließend unter Weihegebeten in einer Urne.

Wieder außerhalb des Geländes halten Sie sich rechts und gehen die Rue Hannibal hinunter in Richtung der beiden **Punischen Häfen:** Der Handelshafen (bislang nicht restauriert) liegt rechts, der Kriegshafen geradeaus. Gehen Sie rechts am Rand des Kriegshafens entlang und durch eine Oleanderallee – hier ist es eventuell, in Ermangelung einer Eintrittskarte, abermals Zeit für ein Trinkgeld. Um die geniale Anlage dieser Häfen schätzen zu können – denken Sie nur an die Vormachtstellung der karthagischen Flotte –, sollten Sie sich die maßstabsge-

treuen Modelle in der kleinen Hütte ansehen. Sie zeigen die Häfen, wie sie zur Zeit Karthagos und der Römer aussahen.

Ursprünglich waren die Häfen durch einen Kanal verbunden und hatten eine gemeinsame, 21 Meter breite Zufahrt von der Seeseite. In der Mitte des Kriegshafens lag eine kleine Insel; die dort wie im Hafenrund in regelmäßigen Abständen angelegten Kais boten über 200 Schiffen Platz. Das ganze Areal war außerdem ummauert, so daß die Hafenanlagen vor Feinden auf dem Meer gut geschützt waren. Die Reste eines der Trockendocks können Sie an vier Steinhaufen erkennen, die jene Stellen anzeigen, an denen einst ionische Säulen die Docks voneinander trennten.

Die Antoninischen Bäder nach dem Regen

Nach den Häfen halten Sie sich rechts und dann geradeaus bis zur Hauptstraße (Avenue Habib Bourguiba), in die Sie rechts einbiegen. Nach einem längeren, aber schattigen Spaziergang erreichen Sie dann die restlichen Stätten. Falls Ihnen der Weg zu weit ist, können Sie auch mit der TGM bis zur Haltestelle Carthage Hannibal fahren.

Unterwegs liegt links das **Paleo-Christliche Museum,** das hauptsächlich Funde aus dem römischen Karthago des fünften bis siebten Jahrhunderts zeigt, unter anderem eine sehr schöne Statue von Ganymed mit seinem Liebhaber Zeus in Gestalt eines Adlers.

Hinter dem Museum führt die Straße an Cafés, einem Supermarkt und mehreren Obstständen vorbei, bei denen Sie sich für eine Pause verproviantieren können. Biegen Sie bei der Shell-Tankstelle links zu den **Römischen Villen** *(Villas Romaines)* in den Boulevard du 7 Novembre ein. Die Villen, die auf einem punischen Friedhof errichtet wurden, sind aufwendig restauriert worden. Außerdem kann man hier Eintrittskarten für die restlichen Stätten Karthagos kaufen und den Blick über den Golf von Tunis genießen.

Zurück auf der Hauptstraße, überqueren Sie einen Kreisverkehr und gehen in Richtung Meer: Die **Antoninischen Bäder** liegen nun auf der linken Seite. Zuvor aber sollten Sie zum Fuß der Ruinen an die sanften Wellen des Golfs hinuntergehen. Dort in der Stille ist der beste Ort für ein kurzes Bad und ein kleines Picknick vor antikem Hintergrund.

Die riesigen Antoninischen Bäder stammen aus römischer Zeit. Angeblich sind es die größten außerhalb Roms. Folgen Sie dem breiten Pfad durchs Tor zu der Aussichtsplattform, die man über die Stufen an der linken Seite erreicht. Auf einer weißen Marmortafel gibt ein Plan eine Übersicht über die verschiedenen Teile der

Bäder. Eine Säule vermittelt eine Vorstellung davon, wie hoch die Gebäude einst waren – die Kammern, die Sie heute sehen, waren nur Kellerräume.

Nach dem Besuch der Bäder sollten Sie sich das exzellente **Museum** ansehen, das neben der halbverfallenen katholischen Kathedrale auf dem Hügel von Byrsa steht (dort soll, der Legende zufolge, Königin Dido ursprünglich die Stadt gegründet haben); man erreicht es über die Avenue 7 Novembre. Gehen Sie am Eingang zu den Römischen Villen vorbei und halten Sie nach dem Theater Ausschau nach einer Treppe auf der linken Seite, die Sie zur Rue Jamon führt. Folgen Sie der Straße bis ans Ende, und biegen Sie dann links ab. An der nächsten Abzweigung gehen Sie rechts und dann scharf links in die Rue Mendez France. Hier führt eine weitere Treppe hinauf zur Kathedrale. Oben weist ein grünes Schild nach rechts zum Eingang des Museums (200 m). Weisen Sie Ihre Eintrittskarte vor und folgen Sie dem Weg zur Rückseite der Kathedrale.

Die Hauptattraktion im Erdgeschoß sind die punischen Sarkophage. Die kleineren dienten wohl einstmals als Urnen, in den beiden großen Marmorsarkophagen aus dem 4. Jahrhundert v. Chr. ruhen ein Priester und eine Priesterin.

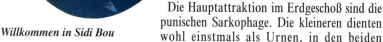
Willkommen in Sidi Bou

Die Aufteilung und die Präsentation der Exponate im neu eingerichteten ersten Stock sind beispielhaft. Mit einer Farbkodierung zeichnen die Haupträume die wichtigsten Perioden Karthagos nach: punisch (beige), römisch (blau), christlich (rosa) und arabisch (grün). Jede Abteilung zeigt die charakteristischen Künste, Handwerke, Waffen und Werkzeuge der betreffenden Epoche. In zwei Vitrinen wird eine originelle Miniaturchronologie der Entwicklung Karthagos nachgezeichnet: anhand einer Folge von Lampen über 15 Jahrhunderte hinweg.

Der Eingang zum zweiten Raum, dem *Salle Punique,* wird von einer großen Begräbnismaske bewacht, die aus dem Tophet in Salammbo stammt. Außerdem sieht man hier ein Querschnittsmodell des Tophet mit sehr guten Erläuterungen.

Anschließend kehren Sie bis zum Fuß der Rue Mendez France zurück und wenden sich nach rechts hinunter zur Eisenbahnlinie und zum Meer. Bei der Haltestelle Carthage Hannibal nehmen Sie vom gegenüberliegenden Bahnsteig den nächsten TGM nach Sidi Bou Said.

Das von den Einheimischen liebevoll „Sidi Bou" genannte **Sidi Bou Said** ist ein tunesisches Dorf von unvergleichlichem Stil. Die steingepflasterten Straßen werden von weißen Häusern flankiert, deren Türen mit schweren Beschlägen verziert sind. André Gide beschrieb Sidi Bou als „ein beruhigendes Bad in flüssigem Perlmutt".

Gehen Sie einfach mit der Menge, dann kommen Sie am ehesten zur Dorfmitte. Wenden Sie sich vor der Haltestelle nach rechts, und gehen Sie den Hügel hinauf. Am Kreisverkehr geht es nach links (mit dem Auto müssen Sie wegen der Einbahnstraßen hinter dem Kreisverkehr nach rechts abbiegen) und dann die steile Hauptstraße hinauf. So gelangen Sie direkt zum Café des Nattes, wo sich die Jeunesse dorée der wohlhabenden Mittelklasse trifft. Hier beginnt rechts bei den Ständen mit Datteln, Feigen und Nougat unser Rundgang durchs Dorf.

Gehen Sie gleich hinter dem Restaurant Le Typique nach rechts und suchen das Tor zum **Sidi Chabaane Café.** Seine Lage hoch oben auf den Klippen ist eine der schönsten in ganz Tunesien. Lassen Sie sich auf den Binsen einer der Bänke nieder und bestellen Sie einen *thé aux pignons* (einen leichten Tee mit Pinienkernen). Das Café ist an den Wochenenden im Sommer meist überlaufen, doch es gibt nichts Besseres, um sich die Zeit bis zum Abendessen zu vertreiben.

Auf dem Weg zurück zum Café des Nattes gibt es drei Restaurants, in denen man im Sommer auch im Freien essen kann. Das beste und teuerste ist das **Dar Zarrouk**, etwas preiswerter ist das **La Typique**; schließlich gibt es noch das **Chargui**. Es

Sidi Bou, das unvergleichliche tunesische Dorf

bietet einfachere Gerichte wie *merguez* oder Huhn und Rindfleisch vom Grill an und wird gern von tunesischen Familien besucht.

Nach dem Essen können Sie es sich in den Räumen des Café des Nattes im Schneidersitz bequem machen und noch einen *café Turc* trinken. Der letzte Zug nach Tunis verläßt La Marsa um 12.45 Uhr und kurz darauf auch Sidi Bou Said.

3. Cap Bon

Ein Tag am Cap Bon: heiße Quellen, schöne Strände. Zu Mittag Fisch, danach die punischen Ruinen von Kerkouane. (Siehe Karte S. 35.) Nehmen Sie Badesachen mit!

Sie benötigen für diesen Ausflug ein Auto. Sie können ihn von Tunis – wie hier beschrieben – oder von Hammamet aus antreten. Zwar besteht die Tour aus einzelnen Sehenswürdigkeiten, doch liegt der größte Reiz von Cap Bon in der beschaulichen Landschaft und dem ruhigen Schritt des Lebens in dieser Gegend.

In der Ferne sieht man von Cap Bon aus noch verschwommen die Hauptstadt, doch in Wirklichkeit liegen Welten dazwischen. Manche Teile der Halbinsel wurden erst kürzlich elektrifiziert.

Erstaunlicherweise sind trotz der weißen feinen Strände nur Hammamet und das vielgeschmähte Nabeul touristisch entwickelt. Getreide, Obst und Gemüse sind die Haupteinkommensquellen der Region, vor allem Tomaten, Zitrusfrüchte und Wein. Wenn Sie im September hier sind, sollten Sie das Weinfest in Grombalia besuchen.

Sie verlassen Tunis auf der GP Nr. 1 Richtung Hammam-Lif. In Borj Cedria biegen Sie nach Soliman ab und folgen der Straße nach **Korbous,** einem seit römischen Zeiten bestehenden Heilbad. In dieser Gegend gibt es viele heiße und kalte Heilquellen. Die Kurkliniken und Kurhotels sind meist wenig einladend – schließlich sind sie nicht fürs Vergnügen gebaut. Fahren Sie also weiter bis **Ait Atrous.** Hier können Sie nur wenige hundert Meter hinter dem Dorf, kurz bevor die Straße von der Küste nach oben führt, in ungezwungener Gesellschaft die Heilwasser versuchen. Unterhalb der Cafés entspringt am Ufer eine kochendheiße Quelle und ergießt sich in einer Wolke von Schwefeldämpfen ins Meer. Gesellen Sie sich ruhig zu den anderen Badenden; Männer wie Frauen sind gleichermaßen willkommen, allerdings ist vollständige Badekleidung vorgeschrieben.

Falkner in El Haouaria

Hinter Korbous steigt die Straße steil an und windet sich durch Zuckerrohrfelder, Olivenhaine, Zypressenwälder und Weinberge ins Landesinnere. An der Abzweigung in Brir Mroua biegen Sie scharf links ab und folgen der Straße nach El Haouaria. Halten Sie nach einem provisorischen Schild Ausschau, falls Sie noch etwas Zeit an dem schönen weißen Badestrand der **Plage Rtiba** im kristallklaren Wasser verbringen möchten. Der zwei Kilometer lange Weg ist gut befahrbar – wagen Sie sich aber nicht mit dem Wagen auf den Sand, denn außerhalb der Saison ist kaum jemand da, der Ihnen wieder heraushilft.

Mohammed

El Haouaria, an der Spitze des Cap Bon, ist für seine Falknerei berühmt. Junge Wanderfalken und Sperber werden hier im Frühjahr auf dem Weg nach Süden abgefangen und für das Falknerfest im Juni abgerichtet. Danach werden die meisten wieder freigesetzt, damit sie ihren Weg quer über die Kontinente fortsetzen können. Falls Sie nicht gerade zur Zeit des Festes hier sind, können Sie durch das Dorf weiter zur Spitze der Halbinsel weiterfahren: zum **römischen Steinbruch** (*Grottes Romaines*). Die Straße ist gut ausgebaut; unterwegs kommen Sie am Restaurant Les Grottes vorbei, wo Sie auf der Rückfahrt zu Mittag essen können. Bevor Sie sich mit Mohammed, dem betagten *guide des Grottes,* in die Höhlen wagen, können Sie noch ein Bier auf der Terrasse des Cafés trinken – das Essen dagegen ist teuer und nicht sonderlich gut – und die Aussicht genießen. Die kleine Insel, die Sie vor der Küste sehen, ist Zembra.

Die Grotten dienen seit punischen Zeiten als Steinbruch. Von hier wurden die schweren Kalksteinblöcke ohne großen Aufwand auf Lastkähnen nach Karthago transportiert. Archäologen haben am Cap Bon Gräber aus dem hiesigen Kalkstein gefunden, die bis ins sechste Jahrhundert zurückreichen.

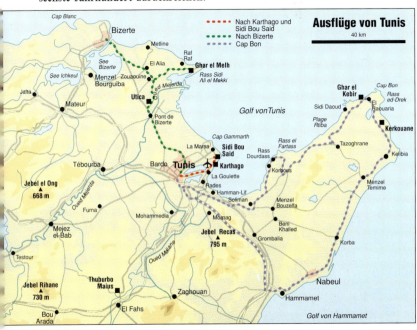

Nach dem Mittagessen folgen Sie der Küstenstraße bis **Kerkouane,** einem punischen Ausgrabungsort (Di-So 9-12 und 14-17 Uhr, Mo geschlossen), der direkt am Meer liegt und vom Duft wilder Kräuter durchströmt wird. Im Gegensatz zu anderen Städten der Karthager wurde das 1952 entdeckte Kerkouane weder von den Römern noch von den Arabern wiederbesiedelt und zeigt den Archäologen daher ein unverzerrtes Bild vom Leben der Karthager.

In dieser Siedlung wurde unter anderem die begehrte Purpurfarbe aus Meeresschnecken hergestellt; es gab auch andere etablierte und gut ausgebildete Handwerker, wie die Funde im Museum zeigen. Besonders bemerkenswert sind die sanitären Einrichtungen: gut eingerichtete Badezimmer mit rot verkitteten Sitzbadewannen. Achten Sie auf das Zeichen der Göttin Tanit (*siehe* Abb. S. 12), das mit Marmorsplittern in den Fußböden eingelegt ist.

Ungefähr zehn Kilometer südlich der Abzweigung nach Kerkouane liegt **Kelibia** mit einer schönen byzantinischen Festung, einer Fischereischule und ein wenig Tourismus. Wer nicht zur Burg hinaufklettern will, kann weiter nach Menzel Temime fahren. Dort haben Sie die Wahl: Sie können über Menzel Bouzelfa durch schöne Orangenplantagen direkt nach Tunis zurückfahren oder, falls es Ihnen nichts ausmacht, noch spät unterwegs zu sein, weiter die Küstenstraße entlang nach Hammamet.

In den sechziger Jahren war **Hammamet** ein kleines Fischerdorf, heute ist es ein Koloß aus Restaurants, Créperies, Eisdielen und Hotels. Obwohl die Kasbah mittlerweile ein einziger labyrinthischer Souvenirladen ist, hat sie sich doch Ihren Charme bewahrt. Besonders spürbar ist er im **Café Sidi Bou Said.** Sie finden es, indem Sie der Hauptstraße der Kasbah bis zum Ende folgen und dort rechts in eine kurze Gasse abbiegen, die im Hof des Cafés endet.

Restaurant in Hammamet

Lassen Sie sich auf einer der Bänke nieder, bestellen Sie einen Tee und eine Wasserpfeife und versinken Sie in den Melodien des *mahlouf,* der tunesischen Meditationsmusik, bzw. des *rai,* der moderneren Variante vom Tonband, die die Kellner meist bevorzugen.

Damit ist es vermutlich Zeit fürs Abendessen. Ich kann sowohl das preiswerte **Restaurant de la Poste** gegenüber der Kasbah als auch das etwas teurere **Berbère** ganz in der Nähe empfehlen. Eine mögliche Alternative ist auch die Pizzeria im **Sheraton Hotel.**

Zurück nach Tunis geht es auf der Autobahn (63 km), die Sie über die Avenue du Kuwait und die südliche Strandstraße erreichen.

Die Kasbah und der Strand in Hammamet

Utica war Pompejus' Stützpunkt im römischen Bürgerkrieg

4. Nach Norden bis Bizerte

Wir besuchen die römischen Ruinen von Utica, das alte Piratennest Ghar el Melh und den Strand von Rass Sidi el Mekhi. Abendessen und Übernachtung im Petit Mousse in Bizerte (Reservierung unter Tel. 02-32 15). Nehmen Sie Badesachen mit. Nur mit dem Auto! (Siehe die Karte S. 35.)

Diese Tour ist nicht als Tagestour gedacht. Wenn Sie dennoch lieber nach Tunis zurückkehren, statt in Bizerte zu übernachten, sollte die Rückfahrt am selben Tag kein Problem sein. Sie verlassen Tunis auf dem Boulevard du 20 Mars 1956, der vom Bab Saadoun nördlich der Medina ausgeht.

Der friedvolle Anblick der Küstenregion nördlich von Tunis läßt kaum etwas von seiner bewegten und oft blutigen Vergangenheit ahnen: Hier wurden die Schlachten zwischen Tunesien und Europa ausgetragen. Utica z. B. stand in den Punischen Kriegen nicht auf Seiten Karthagos, sondern auf der Roms; im römischen Bürgerkrieg war es Pompejus' nordafrikanisches Hauptquartier. Ghar el Melh, das an einer versteckten Lagune nördlich von Utica liegt, war vom 16. bis 18. Jahrhundert Stützpunkt der islamischen Piraten, die die Berberküste unsicher machten. Bizerte war im Zweiten Weltkrieg Schlüsselstellung der Achsenmächte.

Diese Ecke von Tunesien bleibt vom Massentourismus verschont; bis jetzt scheinen lediglich einige Franzosen die erstklassigen Strände, das exzellente Hotel und Restaurant Petit Mousse in Bizerte und den Ichkeul-See entdeckt zu haben.

Die Wohnblocks und Reklametafeln, von denen die P8 außerhalb Tunis' gesäumt wird, verlieren sich bei **Pont de Bizerte** (25 km), und die Umgebung wird ländlich: Bauern arbeiten auf den Feldern,

Kinder verkaufen Feldfrüchte an die vorbeifahrenden Autofahrer. Ungefähr fünf Kilometer weiter sehen Sie das Schild *Utique Ruine,* das rechts den Weg zur alten Römerstadt **Utica** weist. Die Ruinenstätte selbst (Sommer 7-19 Uhr, Winter 8.30-17.30 Uhr) liegt zwei Kilometer weiter, hinter dem dazugehörigen Museum.

Bevor der Mejerda-Fluß versandete, lag Utica direkt am Meer. Plinius der Ältere berichtet, es sei im Jahr 1101 v. Chr. von phönizischen Seeleuten als Tagesetappenziel gegründet worden, 300 Jahre vor der Gründung Karthagos.

Utica galt zeitweise als Stadt des Verrats: Agothokles von Syrakus benutzte sie als Truppenstützpunkt, als er im Jahr 310 v. Chr. Karthago angriff; im Jahr 146 v. Chr. führte der römische Feldherr Scipio während des Dritten Punischen Krieges von hier aus seine Truppen gegen den Feind. Als Lohn für diese Unterstützung war Utica für kurze Zeit Hauptstadt des römischen *Africa.*

Der alte Hafen von Bizerte

Bei einer Gruppe von Zypressen finden Sie die interessanteste der Villen: die **Maison de la Cascade.** Das große, luxuriöse Haus (69 bis 96 n. Chr.) ist nach dem Bassin im Innenhof benannt. An einer Seite des Atriums befindet sich das *triclinium* (Eßzimmer) mit einem schönen Marmorfußboden. Das Haus selbst schmükken etliche Mosaiken mit Fischmotiven, die von Holzplatten geschützt werden. Wenn Sie das Haus durch die Vordertür verlassen, sehen Sie gegenüber die punische Nekropole, aus der viele der Grabbeigaben im Museum stammen.

Anschließend kehren Sie nicht zur Hauptstraße Tunis – Bizerte zurück, sondern fahren auf dem Weg weiter nach **Ghar el Melh** (Salzhöhle) an der Spitze der Halbinsel. Biegen Sie an der Moschee mit der silbernen Kuppel links ab und an den zwei folgenden Abzweigungen rechts; sie sind beide ausgeschildert. Das ehemalige Piratennest Ghar el Melh (früher Porto Farina) liegt zwischen der Hügelkette von Djebel Nadour und einer Lagune: ein idealer Ankerplatz für die flachkieligen Piratenschiffe.

Die Straße durch Ghar el Melh führt am fruchtbaren Rand der Lagune entlang, von wo aus links ein Weg zu **Rass Sidi el Mekhi**

Willkommen im Petit Mousse

führt, einem feinen weißen Sandstrand. Zum Grabmal von Sidi Ali el Mekhi pilgert mitunter eine kleine Karawane älterer Damen. Falls Sie am Strand ein Picknick machen wollen, müssen Sie sich zuvor in Ghar el Melh mit Proviant versorgen; der Markt liegt abseits der Straße in der Dorfmitte. Sie können aber auch nach dem Schwimmen im **Restaurant du Port** essen. Es sieht vielleicht nicht sehr verheißungsvoll aus, aber man serviert dort einen ausgezeichneten Hühnereintopf mit Brot und einen guten Salat.

Von Gar el Melh fahren Sie über El Alia – biegen Sie kurz vor Zouaouine ab – weiter in Richtung **Bizerte.** Die Stadt entwickelte sich unter den Franzosen sehr rasch, die durch die Stärkung von Bizerte ein Gegengewicht zu den britischen Stützpunkten Gibraltar und Malta schaffen wollten. Jules Ferry, der Vater des französischen Kolonialismus, sagte: „Wenn ich Tunesien genommen habe, dann nur, um Bizerte zu bekommen!" In Italien galt die Stadt als eine „auf das Herz Italiens gerichtete Pistole". Bizerte war der letzte Teil Tunesiens, den die Franzosen aufgaben. Heute ist es ein wichtiger Hafen mit aufkeimendem Tourismus.

Falls Sie meinem Vorschlag folgen und über Nacht bleiben, sollten Sie zuerst das Hotel **Le Petit Mousse** aufsuchen, das in der Route de la Corniche am Nordrand der Stadt aufs Meer hinausblickt, und anschließend in die Stadtmitte zurückfahren. Die Hauptattraktion Bizertes ist der pittoreske alte Hafen links am Ende der Avenue Habib Bourguiba mit seiner maurischen und kolonialen Architektur, den bunten Fischerbooten und der schützenden Kasbah. Auf dem Kai kann man angenehm Tee trinken.

Gehen Sie dann die Avenue Habib Bourguiba hinauf und folgen dem Wegweiser zum **Monument des Martyrs** (nicht zu verwechseln mit der Place des Martyrs in der Nähe des alten Casinos). Der gigantische Betonbogen erhebt sich über einem Meer von Grabsteinen und erinnert an die Opfer der Bizerte-Krise (1961), als 1365 Tunesier von französischen Truppen bei Unruhen wegen der andauernden Präsenz der Kolonialmacht in der Stadt getötet wurden.

Den Abend verbringt man am besten beim Essen auf der Terrasse des Le Petit Mousse, köpft eine oder zwei Flaschen Château Mornag und lauscht dem Rauschen des Meeres. Der hohe Standard von Hotel und Restaurant ist für Tunesien ungewöhnlich, Sie sollten sich bei dieser Gelegenheit also das Vergnügen gönnen, groß auszugehen – vor allem, weil es hier noch ungewöhnlich günstig ist. Am nächsten Morgen können Sie entweder nach Tunis zurückfahren oder sich in den Nordwesten des Landes aufmachen.

Nordwesten

Die Khroumiria, jene Region, die nördlich des Mejerda-Flusses an Algerien grenzt, ist vollkommen anders als das übrige Tunesien. Die bewaldeten, hügligen Ausläufer des Atlas-Gebirges werden im Winter von Jägern und im Sommer von Wanderern durchstreift. Vor dem französischen Protektorat waren die Berber der Khroumiria für ihr Streben nach Unabhängigkeit und für ihre offene Verachtung geschriebener Gesetze bekannt. Sie sind auch für die Viehdiebstähle in Algerien verantwortlich, die im Jahr 1881 Frankreich den Vorwand für den Einmarsch in Tunesien lieferten.

An der Küste fällt die Khroumiria nach Tabarka hin ab, einer ruhigen kleinen Küstenstadt mit preiswerten Hotels und einer Vielzahl von Geschäften, in denen Korallenschmuck verkauft wird. Etliche Strände zwischen Dünen laden zum Baden, und vor der Küste liegt auf einer Insel eine genuesische Festung. Wenn Sie sich ein paar Tage in der Sonne erholen, schwimmen, schnorcheln und frischen, aber günstigen Fisch probieren wollen, dann ist Tabarka genau der richtige Ort für Sie.

Eine fruchtbare Gegend

Im Süden der Khroumiria, nach Jendouba und zur Hochebene des Tells hin senkt sich das Land. Hier bauten die Römer die prächtigen unterirdischen Villen von Bulla Regia – eine Bauweise, die in der damaligen Welt einzigartig war.

5. Die Khroumiria

Ein gemütlicher Morgen in der Küstenstadt Tabarka, gefolgt von einem Fischessen und einem Nachmittagsausflug in die Khroumiria-Berge zu den römischen Ruinen von Bulla Regia. Sie brauchen für diese Tour einen Wagen, außerdem sollten Sie nach Tabarka Badesachen mitnehmen.

Die Strecke führt Sie durch drei sehr unterschiedliche Landschaften. Unterkunft findet man in Tabarka, Ain Draham und Jendouba (siehe „Wissenswertes", S. 86). Wenn Sie die Tour jedoch als Teil eines größeren Autoausfluges absolvieren, schlage ich vor, daß Sie weiter bis El Kef fahren, dem Ausgangspunkt von Tour 6. Das Hotel Sicca Veneria in El Kef (Tel. 08-21725) ist zwar einfach, aber die Zimmer sind ordentlich, und man serviert ein vorzügliches Abendessen.

Die vielen frühchristlichen Mosaiken aus Thrabaca, dem römischen Vorläufer von **Tabarka,** sind nach Tunis ins Bardo-Museum gebracht worden. Es gibt in dieser Hinsicht also nicht viel zu sehen, aber man kann einen gemütlichen Vormittag damit verbringen, die Festung zu erkunden, baden zu gehen und sich den Korallenschmuck in den Auslagen an der Avenue Habib Bourguiba anzusehen. Dann ist es auch schon Zeit fürs Mittagessen.

Fangen Sie mit der **genuesischen Festung** früh an, wenn die Temperaturen noch erträglich sind. Heute verbindet ein Fahrdamm die Insel mit dem Festland, aber der einfachste Weg führt über den Strand und einen der Pfade, die auf die Verbindungsstraße treffen. Ein Schild in arabischen Lettern zeigt an, daß das Betreten verboten ist – das Fort ist dem Verteidigungsministerium unterstellt –, aber niemand, selbst der Wächter des dortigen Leuchtturms nicht, hat bisher etwas dagegen gehabt, solange man keine Fotos macht.

Die Insel wurde im Jahr 1542 von den Familien Leomelline und Grimaldi erworben, die es im Austausch gegen den Korsaren Draghut erhielten, das „gezückte Schwert des Islams", der einige Jahre

Die genuesische Festung von Tabarka

Das Theater von Bulla Regia

zuvor von einer genuesischen Galeere gefangen worden war. Die Genueser schätzten die Insel wegen der gewinnversprechenden Korallenriffe vor der Küste. Trotz der Nähe des durchwegs muslimischen Festlandes hielt eine Gemeinde von 1200 Christen die Insel, bis sie 1741 von Ali Pascha vertrieben wurden.

Der beste Platz für ein paar Züge im kühlen Wasser und ein Bad in der Sonne liegt hinter der Seite des Hügels, die der Festung gegenüberliegt. Dort finden Sie gute Badestellen bei den Felsen – seien Sie aber vorsichtig wegen der Seeigel! Sie können auch zum Strand zurückkehren und durch die Brandung zu den Hotelneubauten auf der anderen Seite der Bucht hinübergehen. Auf dem Rückweg in die Stadt folgen Sie der Küste rechts entlang in Richtung auf Les Aiguilles, einer Gruppe spitzer Felsnadeln.

Die Hauptstraße von Tabarka ist die Avenue Habib Bourguiba, die vom Denkmal des ehemaligen Präsidenten bis hinunter zum Hafen führt. Korallenläden prägen das Straßenbild. Die Geschäftsinhaber sind erstaunlich zurückhaltend, und man kann sich in Ruhe umsehen. Die Preise liegen zwischen DM 150 für ein einfaches Armband und DM 1500 für eine mehrsträngige, polierte Halskette. Bevor Sie etwas kaufen, sollten Sie aber noch feilschen.

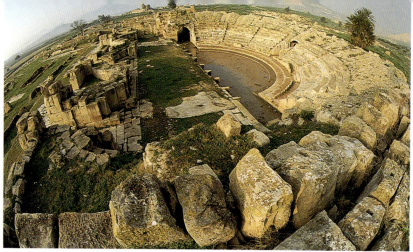
Mittagessen im Montazah

Schon hungrig? Suchen Sie sich einen Tisch vor dem Restaurant **La Montazah** in der Avenue Habib Bourguiba; eine große Portion *crevettes* in Knoblauch für zwei Personen, Salat und Bier kosten tD 14.

Danach geht es auf der ausgeschilderten Straße nach **Ain Drahan** („Quelle des Geldes"). Die Straße verläuft die ersten zwölf Kilometer schnurgerade und windet sich dann die Hügel bis zur algerischen Grenze hinauf. Unterwegs bieten Händler Holzschalen, Hutständer und – je nach Saison – Erdbeeren, Pinienkerne oder Walnüsse feil. In Ain Drahan, dem Herzen der Khroumiria, machen wir auf der Terrasse des efeuumrankten **Hôtel Beau Sejour** eine kurze Kaffeepause.

Hinter Fernana führt die Straße bergab, und die Waldlandschaft weicht den Weizenfeldern des Tell. **Bulla Regia** (8-18 Uhr) ist ungefähr zehn Kilometer hinter Jendouba nach links ausgeschildert. Gehen Sie, wenn Sie die Stätte betreten, geradeaus zwischen den Mauerresten zweier Gebäude durch und dann an dem gelben Schild rechts. Rechter Hand sehen Sie jetzt die **Bäder der Julia Memnia** (3. Jh. n. Chr.), der Frau des in Tunesien geborenen Kaisers Septimius Severus. Beachten Sie, wenn Sie in die Anlage hinabsteigen, die Tonröhren, aus denen Bogen und Gewölbe geformt wurden und die noch an Mauern zu sehen sind. An den Bädern entlang kommen Sie auf der Hauptstraße zur **Bibliothek** und zum **Tempel der Isis** (beide auf der linken Seite). Dann führt Sie der Weg zum Juwel dieser Ausgrabungsstätte: zum **Theater** und seinem Bärenmosaik.

Anschließend gehen Sie den Weg wieder etwas zurück und wenden sich dann in Richtung der Hügel, die hinter der Stadt liegen. Sie kommen links am Markt vorbei und gelangen zum Forum mit dem Apollotempel und der Basilika. Links am Kapitol vorüber geht es weiter, bis Sie zu einer weiteren Abzweigung kommen, die nach rechts auf die Hügel zuführt. So gelangen Sie zu den bemerkenswertesten Ruinen Bulla Regias, den **unterirdischen Villen.**

Warum die Einwohner der Stadt unterirdisch bauten, kann man nur vermuten. Eine logische Erklärung wäre die Flucht vor der Hitze – allerdings sind noch heißere Orte im Römischen Reich dem Beispiel nicht gefolgt. Eine der prächtigsten Villen ist die **Maison de la Chasse** (Haus der Jagd), die rechts neben einem kleinen Hügel liegt. Achten Sie auch auf den Brunnen und die Ölpresse am Eingang. Die Treppen, die hinunter zu den Zimmern führen, enden in einem mit geometrischen Mosaiken geschmückten Atrium.

Kehren Sie zur Hauptstraße zurück und folgen Sie ihr bis nach oben. Dort biegen Sie rechts ab und folgen an der nächsten Abzweigung dem gelben Schild zur **Maison de la Pêche** (Haus des Fisches), die nach ihren Fischmosaiken benannt ist. Danach geht es zur **Maison d'Amphitrite,** die von der Abzweigung ab ausgeschildert ist. Prunkstück dieser Villa ist ein Triumphmosaik der Venus: die Göttin mit Krone, Spiegel und Schmuckkasten, getragen von Tritonen, begleitet von Amor.

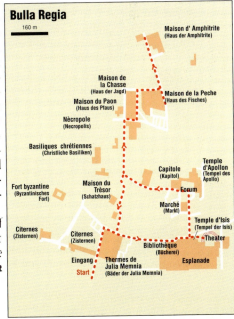

Machen Sie sich nun auf die Suche nach der hinter der Maison de la Chasse gelegenen **Maison de la**

Nouvelle Chasse (Haus der Neuen Jagd) auf. Ein fragmentarisch erhaltenes Mosaik im Erdgeschoß stellt Jagdszenen dar: Jagdhörner; Diener, die eine Schlange tragen; eine Reiterfigur; und einen Tiger, der eine Antilope reißt. Die Amphitheater des Römischen Reiches wurden mit wilden Tieren versorgt, die in der Khroumiria gefangen und von Tabarka aus verschifft wurden. Der letzte Leopard dieser Gegend wurde 1932 geschossen.

Bevor Sie Bulla Regia verlassen, sollten Sie noch dem **Museum** neben dem Parkplatz einen Besuch abstatten; es zeigt auch Funde aus der punischen Epoche des Ortes.

Das 62 Kilometer entfernte El Kef erreichen Sie über Jendouba, wo Sie an dem Kreisverkehr mit der korinthischen Säule rechts abbiegen müssen. Die Strecke führt durch Weizenfelder – auch dies eine Erinnerung an die Römerzeit, als diese Gegend die Kornkammer des Imperiums war.

Das Hotel **Sicca Veneria** liegt links an der Hauptstraße. Lassen Sie sich vom Türsteher nicht abschrecken: In der Hotelbar treffen sich die Muslime der Stadt, die trotzdem gerne Alkohol trinken, und daher werden Fremde etwas vorsichtig empfangen.

6. Die alten Städte des Tell

Ein Ganztagesausflug von El Kef zu den spektakulären römischen Ruinen von Dougga (68 km) mit Übernachtung im 2-Sterne-Hotel Thugga in Teboursouk. (Siehe Karte S. 40.)

Busse von El Kef nach Teboursouk verkehren fast stündlich, und es ist nicht schwer, für die sechs Kilometer von dort nach Dougga eine Mitfahrgelegenheit zu bekommen.

Auf einem Ausläufer des Djebel Dyr hat sich **El Kef** („der Felsen") eingenistet. Seine die Umgegend kontrollierende Lage und der Status als Regionalhauptstadt zeichnen es vor den anderen Städten des Tell aus. Die Stadt hat eine lange Geschichte, die auf eine karthagische Siedlung namens Sicca zurückgeht. Nach der Niederlage im ersten Punischen Krieg wurde es von Horden unzufriedener Söldner überrannt. Unter den Römern wurde aus der Siedlung dann Sicca Veneria (heute trägt das einzige taugliche Hotel der Stadt diesen Namen), nach den Venusriten, die in den Tempeln der Stadt abgehalten wurden.

Im Hinblick auf den weiteren Tag sollten Sie die kargen römischen Ruinen El Kefs auslassen und sich auf das arabische Erbe der Stadt konzentrieren: die Sidi-Bou-Makhlouf-Moschee und die Kasbah. Zur Moschee gehen Sie über die Treppe beim Hôtel des Sources, das in der Stadtmitte schräg gegenüber dem Hotel Sicca Veneria liegt, biegen oben rechts ab und folgen dem Hinweisschild.

Berberin

Die Sidi-Bou-Makhlouf-Moschee

Die **Sidi-Bou-Makhlouf-Moschee** mit ihren Kuppeln, dem achteckigen Minarett und den geweißten Mauern gehört zu den schönsten Tunesiens. Sie bildet den Mittelpunkt der Medina, in ihrem Schatten treffen sich die Männer, um sich zu unterhalten. Sie stammt aus dem 14. Jahrhundert, ist also nicht annähernd so alt wie die **Alte Moschee,** die perfekt restauriert daneben steht. Dieses schmucklose Gebäude wird seit dem 8. Jahrhundert als Moschee genutzt, stammt aber aus dem 4. Jahrhundert, als es vermutlich eine christliche Kirche war.

Die **Kasbah** erreichen Sie, indem Sie hinter der Sidi-Bou-Makhlouf-Moschee bergauf gehen, von wo Sie ein breiter Weg zu den Toren führt. Solange die Restaurationsarbeiten im Gang sind, wird kein Eintritt erhoben, wenn Sie aber von einem inoffiziellen Führer begleitet werden, wird er dafür ein Trinkgeld erwarten. Der Aufstieg lohnt sich allein wegen des herrlichen Blicks und der kühlen Brise.

Zurück auf der Avenue Habib Bourguiba, sollten Sie sich mit Proviant für ein Picknick versorgen, bevor Sie sich auf den Weg nach Dougga machen – wie wär's mit einem Baguette mit Hühnchen oder *merguez*, Salat und Oliven? Folgen Sie dann den Schildern nach Teboursouk/Tunis; es wird eine angenehme Fahrt durch Weizenfelder, Olivenhaine und Kaktusdickichte. Der einzige nennenswerte Ort an der Strecke ist El Krib. Kurz danach sehen Sie rechts und links von der Straße die Ruinen von Musti; Beachtung verdient vor allem ein geborstener Bogen auf der rechten Seite.

Das alte **Dougga** (Thugga) taucht auf den Hügeln links auf, während Sie noch durch das neue Dorf Dougga fahren. Einfacher ist aber die Zufahrt von Teboursouk aus. (Passen Sie bei der scharfen Linkskurve auf, wenn Sie von der Hauptstraße El Kef – Tunis nach Teboursouk kommen; die Straße macht einen langen Bogen

Der Kapitolinische Tempel von Dougga

um die Kuppe herum!) Die weitläufige Ruinenstätte ist gut ausgeschildert, und der offizielle Führer ist ausgezeichnet. Außerdem ist die Lage so großartig, daß es schon verlockend ist, einfach umherzuwandern.

Als die Römer im 2. Jahrhundert v. Chr. hier ankamen, stand Dougga bereits: Es war das Hauptquartier Massinissas, eines einheimischen Herrschers, der zu seinem Vorteil die Römer in ihrem Kampf gegen Karthago unterstützte.

Suchen Sie zuerst das aufwendig restaurierte **Theater** aus dem 2. Jahrhundert n. Chr. auf; es ist das erste Gebäude rechts, wenn man die Stätte betritt. Dort können Sie in der hintersten Sitzreihe in Ruhe Ihr Picknick auspacken und den Blick auf die Ruinen unter Ihnen genießen. Das Theater ist in den Hang eines Hügels hineingebaut und bietet eine exzellente Aussicht auf die rosa- und malvenfarbene Ebene. Im Theater fanden einst 3500 Zuschauer Platz, und beim Theaterfestival im Juni zieht es immer noch ein zahlreiches Publikum an.

Wieder vor dem Theater wenden Sie sich nach rechts und gehen die gepflasterte Straße bis zum Platz der Winde, dem Kapitol und dem Forum. Unterwegs kommen Sie am kleinen Tempel der Pietas Augusta (links) und dem Merkurtempel (rechts) vorbei. Folgen Sie dem Weg ums Forum herum zum **Platz der Winde,** wo Sie eine in den Boden geritzte Windrose mit den Namen der 12 Winde finden.

Neben dem Platz erhebt sich mit vier korinthischen Frontsäulen der stolze **Kapitolinische Tempel,** dessen Giebel das Bild des Kaisers Antoninus Pius mit einem Adler trägt. Im Inneren verdienen der Kopf einer Jupiter-Statue Beachtung sowie drei Nischen, die Statuen von Jupiter, Juno und Minerva aufnehmen sollten.

Von dem Kapitolinischen Tempel aus gehen Sie etwas links und dann geradeaus ein paar Stufen zum **Tempel der Tellus** hinunter. Er ist der römischen Erdgöttin gewidmet, die auch als Beschützerin der Ehe und der Toten galt und Fruchtbarkeit verlieh. Dort steht auch das sogenannte **Dar el Acheb** („Haus des Kräuter-

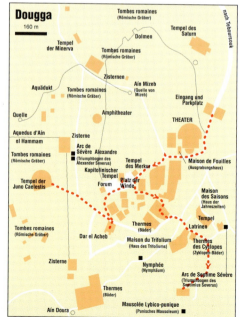

kundigen"), dessen wirkliche Bestimmung den Archäologen allerdings bis heute ein Rätsel geblieben ist.

Halten Sie sich nun links, gehen Sie geradeaus, biegen Sie am Kopf einer kurzen Treppe links ab und folgen Sie der Beschilderung zum **Tempel der Juno Caelestis** mit seinen Säulen und der halbrunden Kolonnade. Rechts sehen Sie hinter einigen Olivenbäumen den **Triumphbogen des Alexander Severus,** eines Neffen des Kaisers Septimius Severus, welchem wiederum auf der Ostseite Douggas mit einem Triumphbogen Ehre erwiesen wird. Gleich über dem Bogen sieht man den **Aqueduc d'Aín el Hammam,** der Wasser von der zwölf Kilometer entfernten heißen Quelle bei El Hammam herführte.

Von hier aus kehren Sie zum Platz der Winde zurück und gehen die breite Straße auf der rechten Seite entlang bis zu einer kleinen Moschee. Unterwegs kommen Sie am **Tempel der Concordia,** dem größeren **Tempel des Liber Pater** und, einige Treppen rechts hinunter, an den **Bädern des Licinius** vorbei. Verlassen Sie diese riesige Anlage von Heiß- und Kaltbaderäumen durch eine der unterirdischen Passagen und folgen Sie der Hauptstraße wieder bergab, bis Sie rechts zum **Haus des Trifoliums** kommen. Leider ist der Steinphallus, der früher für dieses Bordell warb, abhanden gekommen. Etwas weiter kommen Sie zu den **Zyklopenbädern** mit der zwölfsitzigen Toilettenanlage links vom Eingang. Noch weiter steht der **Triumphbogen des Septimius Severus,** des ersten afrikanischen Kaisers.

Das Haus des Trifoliums in Dougga

Die letzte Station auf dieser Tour ist das **Punische Mausoleum,** der Obelisk am Fuße des Hügels. Nachdem der britische Konsul Thomas Read 1910 die Inschriftentafeln für das British Museum raubte, wurde er zwar restauriert, doch nun weist nichts mehr auf seine Entstehung im 3. Jahrhundert v. Chr. hin.

Wenn Sie die Stätte verlassen, wenden Sie sich auf der Hauptstraße von El Kef Richtung Tunis nach links. Das **Hotel Thugga** liegt nicht weit entfernt auf der linken Straßenseite. Es ist bei weitem das komfortabelste Hotel dieser Gegend; die Zimmer sind um einen Innenhof gruppiert. Da **Teboursouk** selbst für tunesische Maßstäbe ziemlich still ist, essen Sie am besten im Hotel und gehen nach einem Nachttrunk an der Bar früh zu Bett.

Sousse

Von den drei Millionen Touristen, die alljährlich Tunesien besuchen, kommen die meisten nach Sousse. Schließlich reichen hier das tiefblaue Wasser und der weiße Sand von Port el Kantaoui, einem Jachthafen mit Appartementanlagen neun Kilometer nördlich der Stadt, bis nach Monastir 20 Kilometer im Süden, wo sich auch der internationale Flughafen und ein 18-Loch-Golfplatz befinden.

Die Gegend wurde, ähnlich wie Hammamet, Mitte der sechziger Jahre erschlossen. Seitdem wirbt sie mit den anderen Touristenhochburgen des Mittelmeers um die Aufmerksamkeit der europäischen Reisenden. Es wird immer noch weiter gebaut, wenn auch das Gros der Bagger und Baukräne mittlerweile wieder verschwunden ist und die leuchtend weißen Häuser schon inmitten blühender Gärten liegen.

Es ist leider wahr, daß man die Attraktionen der Region vielerorts erst bauen muß. Sobald man sich nämlich von der vielbesuchten Küste entfernt, steht man in einer riesige Ebene mit Olivenhainen und *sebkhet* (Salzlagunen).

Es gibt aber dennoch einige Sehenswürdigkeiten und interessante Orte in erreichbarer Nähe, für deren Besichtigung ich zwei Rundfahrten entworfen habe. Zu Beginn möchte ich jedoch einen Morgenspaziergang durch Sousse vorschlagen – die Stadt hat schließlich nicht nur ausgelassene Ferienatmosphäre, sondern auch eine lebendige Medina, bedeutende Proben arabischer Architektur und außerdem ein hervorragendes archäologisches Museum zu bieten.

Sousse ist berühmt für seine Strände

7. Die Medina von Sousse

Ein Vor- oder Nachmittag in der Medina. Besichtigung der Großen Moschee, des Ribat und des Archäologischen Museums.

Das Herzstück von Sousse ist die ummauerte Medina, die sich hinter der Küste erhebt. Was für Reize die Hotels und die Strandklubs auch bieten – stets ist es die Medina, wohin die Besucher streben, sobald der Zauber von Sonne, Sand und Meer nachgelassen hat.

Beginnen Sie den Morgen auf der Place des Martyrs neben der Place Farhat Hached, einem geschäftigen Platz, auf dem sich die Autos, Busse und Passanten nur so drängen. Sie betreten die **Medina** durch eine Lücke, die die Bomben der Alliierten im Zweiten Weltkrieg in die Ringmauer gesprengt haben, hinter den Gärten von Farhat Hached in Richtung Hafen. Auf diesem Weg gelangen Sie rasch zur erdfarbenen **Großen Moschee** (8-13 Uhr außer Fr) – eine kleine Tür erlaubt auch Nichtmuslimen den Zutritt zum Innenhof – und zum nahen **Ribat** (9-12 und 15-18.30 Uhr) mit seinem unverkennbaren *Nador* (Aussichtsturm).

Markt in der Medina

Beide Gebäude stammen aus der Anfangszeit der arabischen Expansion, was ihr militärisches Aussehen und die Dicke ihrer Mauern erklärt. Sousse hatte keine natürliche Verteidigung gegen Angreifer zu Land. Der Ribat aus dem späten 8. Jahrhundert gehörte zu einer Kette von Klosterfestungen entlang der nordafrikanischen Küste.

Wenn Sie im Inneren des *Nador* hinaufsteigen, können Sie in die kleinen Zellen blicken, in denen die *murabatin* schliefen, jene Kriegermönche, die damals den islamischen Glauben verteidigten. Oben sehen Sie dann eine Gebetshalle mit dem *mihrab,* der Nische, die in islamischen Gebetsräumen die Richtung Mekkas anzeigt. Vom *Nador* aus haben Sie einen

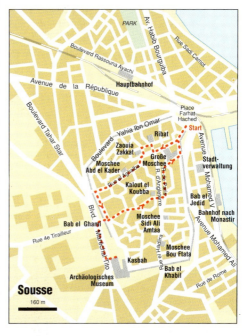

guten Blick auf den Hafen, über die Dächer zum Khalef el Fela-Wachtturm der Kasbah und in den Hof der Großen Moschee aus dem 9. Jahrhundert. Achten Sie insbesondere auf das achteckige, grün und weiß gekachelte Minarett der Zaouia Zakkat, unseres nächsten Zieles. Die Schönheit sowohl der Großen Moschee als auch des Ribat liegt weniger in ihrem Schmuck, sondern in ihrer Schlichtheit – trotz einiger korinthischer Säulen, die aus verlassenen römischen Siedlungen stammen.

Sparen Sie sich die Souvenirstände für den Rückweg durch die Medina, und machen Sie sich auf zur Kasbah. So kommen Sie auch zur Moschee **Zaouia Zakkat** mit ihrem reichverzierten Minarett. Folgen Sie einfach, am Ribat Drink Café vorbei, den Mauern des Ribat. Die alte *zaouia* stammt aus der Aghlabiden-Zeit, doch das Minarett ist türkisch. Vor der Moschee biegen Sie links ab, dann rechts und gleich wieder links, und Sie stoßen auf die Rue el Aghalba, die direkt zu den Mauern der Kasbah führt.

Biegen Sie links in die Rue Abou Naouas, und folgen Sie weiter den Mauern der Kasbah zu Ihrer Rechten. An der durch eine Flagge kenntlichen Polizeiwache biegen Sie rechts in das Tor zur Hauptstraße Boulevard Maréchal Tito. 200 Meter weiter steht auf der linken Seite das **Archäologische Museum** (1. Okt.-31. März 9-12 und 14-17.30 Uhr; 1. April-30. Sept. 9-12 und 15-18.30 Uhr). Das vorzügliche Museum präsentiert seine Mosaiken, die alle aus der Gegend um Sousse und El Djem stammen, sehr wirkungsvoll im Ambiente der Kasbah aus dem 15. Jahrhundert.

Mosaik der Medusa

Gleich nach dem Eingang wenden Sie sich nach rechts in einen Hof, dessen Boden ein Mosaik der Medusa aus dem 2. Jahrhundert n. Chr. ziert. Im Hof entdecken Sie außerdem Theatermasken, ein Vogel- und Tiermosaik und Ziegelreliefs mit der Darstellung von Adam und Eva sowie des heiligen Theodor. Sie stammen von den Wänden byzantinischer Basiliken; Sousse war ein wichtiger Stützpunkt Byzanz'. Der Raum gegenüber dem Eingang zeigt Mosaiken des 2. Jahrhunderts, unter anderem den „Triumph des Bacchus".

Ebenfalls vom Hof aus zu erreichen ist ein Raum mit Funden aus dem punischen Sousse. Es handelt sich vor allem um Stelen, die bei der Ausgrabung des *tophet* (Opferplatzes) entdeckt wurden. Die ältesten Stelen standen noch über der Asche von geopferten Kindern, die späteren über der von Tieren.

Durch den Museumsgarten führt eine Reihe von Galerien, deren Wände und Böden von Mosaiken bedeckt werden. Der Kalender aus El Djem im ersten Raum zeigt mehrere Eigentümlichkeiten: Erstens sind die Darstellungen der Jahreszeiten auf der linken Säule männlich statt weiblich; außerdem beziehen sich die Monatsdarstellungen nicht auf den bäuerlichen Jahreszyklus, sondern orientieren sich an religiösen Feiertagen. Einige dieser Feiertage wurden speziell in Rom begangen, weshalb man vermutet, daß es sich beim Auftraggeber dieser Werke um einen gebildeten Mann italischer Abstammung gehandelt haben muß, der auf diese Weise seine überlegene soziale Stellung dokumentieren wollte.

Der zweite Raum zeigt die T-förmige Fußbodenverzierung eines *triclinium* (Eßzimmer), das die Kämpfe im Amphitheater darstellt. Eigenartig erscheint die Friedfertigkeit der tierischen Gegner, mit denen sich die Gladiatoren messen: Es sind Antilopen, Strauße und Esel. Links von diesem Mosaik steht in einer Nische eine Priapus-Statue aus dem 3. Jahrhundert n. Chr., die ein späteres, prüderes Zeitalter leider verstümmelt hat.

Von dieser Seite des Museums können Sie die Mauern besteigen und die kühle Brise genießen. Die Aussicht auf die Medina und die Bucht ist wundervoll.

Wenn Sie die Kasbah verlassen, gehen Sie wieder den Boulevard Maréchal Tito zurück; hinter dem Tor finden Sie rechts von der Polizeiwache ein Terrassencafé, in dem Sie sich bei einer Flasche Boga erholen können. Auf dem Rückweg können Sie sich dann in Ruhe mit Spielzeugkamelen oder Kupfer- und Lederwaren eindecken.

8. Kairouan, die Heilige Stadt

Ein Tagesausflug nach Kairouan, zurück über das Berberdorf Takrouna und Port el Kantaoui, den Vorzeigeferienort Tunesiens.

Zu den vorgeschlagenen Tageszielen kommen Sie am besten mit einem eigenen Auto. Anstelle eines Mietwagens können Sie aber auch auf öffentliche Verkehrsmittel zurückgreifen. Kairouan ist leicht mit dem Bus oder dem grand-taxi *von Sousse aus erreichbar, und mit Taxis und einem Bummelzug kommen Sie ins neun Kilometer entfernte Port el Kantaoui (auch Sousse-Nord genannt). Da auch Moscheen auf dem Programm stehen, sollten Sie sich angemessen kleiden. Mit dem Auto verlassen Sie Sousse am besten durch die Kasbah.*

Das beliebteste Ausflugsziel von den Ferienorten an der Küste aus ist Kairouan, das geistliche Zentrum Tunesiens. Die Stadt lockt mit dem Ruf von Heiligkeit (es ist die viertheiligste Stadt des Islam und hat mehr als 130 Moscheen) und mit Geschichten von fliegenden Teppichen (die

In der Teppichstadt Kairouan

Die Medina von Kairouan

Weberei ist hier einer der wichtigsten Handwerkszweige). Die 54 Kilometer Anfahrt von Sousse aus sind bequem zu bewältigen.

Vielleicht sind Sie im ersten Moment etwas enttäuscht. Kairouan liegt allein inmitten einer Ebene, die im Sommer backofenheiß ist und im Herbst und Frühjahr von plötzlichen Überschwemmungen heimgesucht wird, und ist über seine Stadtmauern schon längst hinausgewachsen. Die Große Moschee aus dem 9. Jahrhundert wirkt eher schlicht und prosaisch.

Wenn Sie aber über die halbfertigen Vororte und die anderen Touristen hinwegsehen und sich auf die Ruhe der Moscheen, die Schritte der Pilger und das Farbenspiel in den Gassen konzentrieren, bekommen Sie ein Gefühl für die große Vergangenheit Kairouans als Quelle arabischer Dichtkunst, der Kalligraphie und der islamischen Kirchenlehre. Paul Klee, der die Stadt 1914 besuchte, notierte in seinen Tagebüchern, Kairouan habe sein Leben verändert.

Beginnen Sie den Rundgang am **Fremdenverkehrsbüro** – man bekommt dort den Erlaubnisschein und Eintrittskarten für die wichtigsten heiligen Stätten. Das Büro (Sa-Do 8-17.30 Uhr, Fr 8-12 Uhr) liegt gegenüber dem Hotel Continental (ausgeschildert) an der Avenue de la République neben den **Aghlabiden-Bassins.**

Die Reservoire sind nach einer gründlichen Restaurierung wie neu, und kaum etwas läßt ahnen, daß ihre Ursprünge im 8. Jahrhundert zu suchen sind. Die Aghlabiden, die Kairouan zu ihrer Hauptstadt machten, legten sie als Speicher für das Wasser an, das sie über einen 35 Kilometer langen Aquädukt von der Tell-Hochebene hierher leiteten. Dank dieser Bassins wurde Kairouan eine Stadt der Gärten mitten in der Halbwüste.

Kehren Sie zum Wagen zurück, und fahren Sie entlang der Rue Ibn Jazzar gegenüber den Bassins zum Bab Tunis, dem dritten Bogen in einer Arkadenreihe. Hier biegen Sie links ab und folgen der Beschilderung zum Hotel Marhala, dem Bir Barouta und der Zaouia des Sidi Abid el Gharani über die Avenue Habib Bourguiba bis zum Bab ech Chouahada. Parken können Sie gegen eine geringe Gebühr auf der anderen Seite des Tors.

Beginnen Sie Ihren Rundgang durch die **Medina** durch das Bab ech Chouahada; gehen Sie dann ungefähr 50 Meter in Richtung der Moschee, an der auch Teppiche verkauft werden. Biegen Sie an der Moschee rechts in die kleine Straße ein und betreten Sie durch die erste Tür auf der rechten Seite die **Zaouia des Sidi Abid el Gharani**, eine Anlage aufwendig gekachelter und mit Schnitzereien verzierter Kammern aus dem 14. Jahrhundert, in deren Mitte sich das Grab des Sufi-Lehrers befindet.

Als nächstes folgen Sie der Straße nach links und gehen an der nächsten Abzweigung rechts zur „**Moschee der Drei Türen**" aus dem 9. Jahrhundert. Unterwegs kommen Sie an Tischlerwerkstätten und Teppichwebereien vorbei. Die Moschee ist für Besucher nicht zugänglich; man erkennt sie leicht an den schönen Kalligraphie-Bordüren über den Türen mit Versen aus dem Koran.

Von hier aus gehen Sie die Rue Moulay Taieb hinunter, bis Sie zu einem kleinen Platz kommen. Nehmen Sie die erste Straße, die rechts vom Platz abgeht, und wenden Sie sich an der nächsten Abzweigung durch einen Torbogen nach links. Bei der nächsten Moschee geht es nach rechts zur Rue Ibrahim Ibn el Agalb und den festungsähnlichen Mauern der **Großen Moschee** (Sommer 8-12.30 und 16.30-17.30 Uhr; Winter 14.45-16.30 Uhr; Freitagnachmittag geschlossen). Das Haupttor liegt 150 Meter weiter links.

In der Großen Moschee

Im Inneren durchqueren Sie den *sahn* bis zur Gebetshalle auf der rechten Seite. Nichtmuslimen ist der Zutritt verwehrt, aber man kann durch die prachtvollen Türen aus Zedernholz dennoch viel sehen. Eine Unzahl römischer Säulen, die in den Bau integriert wurden, erstrahlen im Licht Tausender kleiner Lampen. Der blau-weiße Teppich weist jedem Beter einen genau umrissenen Platz zu. Durch die Haupttür kann man den reich geschmückten *mihrab* (Gebetsnische) sehen, und rechts davon den ältesten *mimbar* (Predigtkanzel) der Welt; von ihm aus leitet der *imam* das Gebet.

Der Marmorhof ist schräg angelegt, so daß sich das ablaufende Regenwasser in einer unterirdischen Zisterne sammelt. Der Regen stand so nicht nur für die rituellen Waschungen bereit, sondern diente im Fall von Belagerungen außerdem als Trinkwasserreserve.

Biegen Sie, wenn Sie aus der Moschee kommen, rechts und dann an der Hauptstraße links ab. Auf der rechten Seite sehen Sie die weiß gekalkten Friedhofsmauern der Shorfa. Shorfa heißen die Nachkommen des Propheten; der Name leitet sich vom Verb *shouf*, „sehen", ab. Hinter der Kasbah biegen Sie am Café Arabica links zum **Bab Tunis** ab. Biegen Sie links in die Avenue Habib Bourguiba (vorhin sind Sie sie mit dem Wagen entlanggefahren), wo Sie in den Geschäften und an den Ständen einkaufen können, falls Sie später in der Barbier-Moschee picknicken wollen, was keineswegs so gotteslästerlich ist, wie es klingt. Andernfalls sollten Sie sich auf halber Strecke links das Schild zum **Restaurant Fairouz** merken, dessen Besitzer ein einfaches, aber gutes Mittagessen aus *mechouia*-Salat, Kebab oder Pfeffersteak auf den Tisch bringt. Vorher sollten Sie jedoch links davon die überdachten Souks durchstöbern: ein schattiges Labyrinth von kaum schrankgroßen Werkstätten, in denen die alten Handwerkskünste noch gepflegt werden. Hier stoßen Sie auch auf die Touristenfalle des **Bir Barouta,** wo ein scheuklappentragendes Kamel Wasser aus einem Brunnen fördert. Die Legende berichtet, eben diese Quelle habe Oqbaa Ibn Nafaa zur Gründung der Stadt veranlaßt. Eine Kostprobe des heiligen Wassers bekommen Sie gegen Trinkgeld.

Wieder auf der Avenue Habib Bourguiba, können Sie auf der dreieckigen Terrasse des **Café Halfouine** einen Kaffee trinken und danach auf dem Rückweg zum Bab ech Chouhada ins schicke **Meilleur Makrouth** hineinschauen, wo *makrouth* verkauft wird, ein

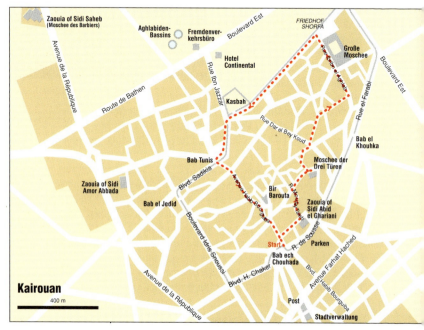

Die Barbier-Moschee

klebrigsüßes, zigarrenförmiges Gebäck, das mit Dattel- oder Feigenpaste gefüllt ist.

Die **Barbier-Moschee** erreichen Sie mit dem Wagen vom Bab ech Chouahada aus auf der Straße nach Tunis durch die Nouvelle Ville. Die Moschee, auch als Zaouia des Sidi Sahab („Begleiter des Propheten") bekannt, ist das langgestreckte weiße Gebäude auf der linken Seite der Avenue de la République, das als Mausoleum des Abdu Zamu el Balawi ausgeschildert ist.

Berberin in Takrouna

Die Barbier-Moschee ist einer der schönsten Sakralbauten Tunesiens, üppig mit stilisierten gekachelten Bogen, Urnen und Pflanzen dekoriert und von Kuppeln delikaten Stuckwerks gekrönt. Das Grab hinter den kunstvollen Gittern in der inneren Kammer (vor dem Betreten die Schuhe ausziehen!) ist ein vielbesuchtes Ziel der Pilger. Sidi Sahab war ein Begleiter des Propheten und wurde „der Barbier" genannt, weil er immer drei Haare Mohammeds bei sich trug. Hier können Sie in der *zaouia* Ihr Mittagessen einnehmen; wenn Sie sich gesittet verhalten, wird es niemanden stören, daß Sie es den Pilgern gleichtun.

Über das Berberdorf Takrouna kehren wir nun nach Sousse zurück. Dazu nehmen Sie die Straße über Enfidaville Richtung Tunis. Nach ca. 60 Kilometern kommen Sie zur Hauptstraße Tunis – Sousse, biegen links ab Richtung Tunis und kurz danach wieder links Richtung Zaghouan (ausgeschildert). Die Straße führt an zwei christlichen Friedhöfen vorbei, einem aus der Kolonialzeit und ei-

Takrouna

nem mit Gefallenen des Zweiten Weltkriegs.

Takrouna liegt zwei Kilometer links der Straße nach Zaghouan. Die wie ein Adlerhorst auf einer felsigen Erhebung in der Ebene von Enfidaville gelegene Siedlung war im Tunesienfeldzug des Zweiten Weltkriegs die vorletzte Verteidigungsstellung der deutschen Truppen. Lassen Sie sich nicht von den Berberfrauen schrecken, die Sie in Tracht belagern werden, steigen Sie einfach aus und genießen Sie die schöne Aussicht. Den besten Blick hat man hinter dem Kuppelgrab des Ortsheiligen Sidi Ali Bou Khadida.

Von hier aus fahren Sie in Richtung Enfidaville und zur Straße nach Sousse zurück, von der Sie beim Schild nach Hergla in Richtung Küste abbiegen, wo Sie Gelegenheit für eine Badepause haben. Unterbrechen Sie Ihre Fahrt dann wieder in **Port el Kantaoui**, einem Ferienort, der in den siebziger Jahren mit Hilfe der Golfstaaten aus dem Boden gestampft wurde. Der Gegensatz zu Kairouan könnte nicht größer sein. Sie können ein wenig durch den smarten Jachthafen schlendern, in einem der Cafés einen Cappuccino trinken oder auch zum Abendessen bleiben. Von hier aus geht es direkt zurück nach Sousse.

9. El Djem

Über Monastir, den Geburtsort Bourguibas, und Mahdia, die Fatimiden-Hauptstadt nach El Djem mit seinem römischen Amphitheater. (Vgl. die Karte S. 52.)

Dieser Ausflug ist als Ganztagestour von Sousse aus gedacht, aber wenn Ihnen die Zeit knapp wird – oder wenn Sie in Monastir wohnen –, sollten Sie sich auf El Djem konzentrieren, wo das sechstgrößte Amphitheater der römischen Welt steht. Falls Sie nach Mahdia wollen, ist ein Wagen empfehlenswert, aber Monastir und El Djem kann man auch mit der Bahn erreichen: vom Hafen-Bahnhof nach Monastir bzw. vom Hauptbahnhof am Boulevard Hassouna Ayachi nach El Djem.

Fahren Sie lieber auf der Hauptstraße nach Monastir und nicht auf der Küstenstrecke, die bis auf die *zone touristique* mit den Hotels ausgesprochen häßlich ist. Der Weg in die Stadt ist ausgeschildert und führt Sie direkt zu den alten Stadtmauern, die Sie gegen den

Das Mausoleum in Monastir

Uhrzeigersinn umfahren müssen. Bei der goldenen Statue Habib Bourguibas, des berühmtesten Sohnes der Stadt, biegen Sie links ab und fahren auf die Minarette des **Familienmausoleums der Bourguibas** zu. Biegen Sie in die zweite Straße hinter dem ONAT-Geschäft ein und parken Sie dort.

Sie können auf dem ausgedehnten Gelände des Mausoleums umherspazieren und sich das unermeßlich teure Gebäude ansehen, das während der letzten Präsidentenjahre Bourguibas fast ständig erweitert und verschönert wurde. Die bescheidener geweißten Gräber und *koubbas* des Friedhofs haben Paul Klee zu seinem Gemälde *Rote und weiße Kuppeln* angeregt.

Danach gehen Sie zum **Ribat von Harthema** (Mai-Sept. 8-19 Uhr, Okt.-April 15-18.30 Uhr) am Ufer gegenüber dem Mausoleum. Wie der Ribat von Sousse stammt er aus der Zeit der arabischen Expansion, in diesem Fall aus dem 8. Jahrhundert.

Von Monastir geht es weiter nach **Mahdia**. Die richtige Straße finden Sie, wenn Sie den Strand von Monastir bis zum Hafen entlangfahren und ab da der Beschilderung folgen. Wenn Sie sich Mahdia nähern, bleiben Sie am besten auf der Corniche und folgen den Wegweisern in Richtung *centre ville*. Parken Sie vor der Skifa el Kalaa (ausgeschildert), die früher der einzige Zugang zur stark befestigten Hauptstadt des Fatimidenreiches war. Bevor es losgeht, können Sie im **Le Quai** oder dem **Lido,** die fast nebeneinander an der Hauptstraße am Hafen liegen, Fisch oder Kebab zu Mittag essen.

Zum Kaffee lohnt der Weg zurück zur verschlafenen **Place du Caire** an der Rue Oubad Attat el Methi. Durch die Skifa el Kalaa (die „Schwarze Passage") kommen Sie zu dem schattigen Platz, wo Sie das Tor zur Hajii-Mustafa-Hamza-Moschee erblicken. Die Gebetsstunden in der Moschee sind das einzige, was die kartenspielenden und teetrinkenden Einheimischen aus der Ruhe bringen kann. Sehen Sie sich auch die

Mahdia

Seidenweber in ihren Werkstätten an der Rue Oubad Attat an; freitags werden ihre Waren manchmal auf dem Wochenmarkt von Mahdia angeboten.

Sie sollten Mahdia gegen 14 Uhr verlassen und die Küstenstraße Richtung Ksour Essaf nehmen, damit Sie genug Zeit für **El Djem** haben. Kurz bevor Sie dort ankommen, biegen Sie rechts ab und fahren 30 Kilometer durch die Olivenhaine, bis Sie das **Amphitheater** von El Djem sehen (Mai-Sept. 7-19 Uhr, Okt.-April 8 Uhr bis Sonnenuntergang), das aus der modernen Stadt ragt. Der Eingang liegt jenseits der Eisenbahnlinie; biegen Sie beim Hotel Julius rechts in die Avenue Habib Bourguiba ein.

Das Amphitheater wurde im Jahr 230 nach dem Vorbild des Kolosseums in Rom errichtet und war für die Bevölkerung Thysdrus', der damals reichsten Stadt Nordafrikas, gedacht, die im 3. Jahrhundert 10 000 Einwohner zählte. Jahrhunderte danach war El Djem die letzte Bastion der Berber gegen die Araber.

Das dreigeschossige Amphitheater ist teilweise restauriert worden, so daß man bis ganz oben hinaufklettern und sich vorstellen kann, wie es ausgesehen haben muß; die Marmorsitze in der Nähe der Arena waren für die Elite der Stadt bestimmt, während die grob behauenen Bänke dem einfachen Volk dienten.

Unter der Arena befinden sich die Kammern und Gänge, in denen die Tiere, Gladiatoren, Wagenlenker und die Opfer auf ihren „Auftritt" warteten. Am Abend vor dem Kampf hielten die Gladiatoren ein Festmahl ab, das man auf einem Mosaik aus El Djem dargestellt findet, das sich jetzt im Bardo-Museum von Tunis befindet.

Bevor Sie El Djem verlassen, sollten Sie sich auch das exzellente **Museum** hinter dem Hotel Julius an der Straße nach Sfax ansehen, in dem Mosaiken, Statuen und Inschriften ausgestellt werden. Dann geht es landeinwärts auf der Hauptstraße zurück nach Sousse.

Das Amphitheater in El Djem

Die Oasen

Südtunesien beginnt bei den rosa Hügeln des Djerid. Ab hier gibt es die *schotts,* die verkrusteten Salzseen, von denen der Schott el Djerid der bei weitem bekannteste ist, die Palmenoasen, Troglodyten-Dörfer, *ksour* (Stammessiedlungen) und die Insel Djerba.

Viele Veranstalter bieten zwei- bis dreitägige „Wüstensafaris" an, die von den Küstenorten ausgehen und zwischen DM 180 und DM 300 kosten, je nachdem, ob man mit dem Bus oder mit einem Geländewagenkonvoi unterwegs ist. Da solche organisierten Fahrten dem Süden jedoch fast alle seine Reize nehmen, lohnt es sich, auf eigene Faust zu reisen. Wenn man sich zu zweit die Kosten teilt, sind sie nur unwesentlich höher als bei den Veranstaltern. (Beachten Sie auf jeden Fall die praktischen Tips für Fahrten in der Wüste im Kapitel „Wissenswertes" ab S. 83.)

Die Stadt Tozeur ist ein guter Ausgangspunkt für einen Besuch der Oasen und der *schotts.* Sie bietet Hotels in allen Preisklassen, und man spürt dort schon deutlich die Sahara-Atmosphäre. Tozeur ist für seine Datteln und die geometrischen Schmuckmuster aus Ziegelsteinen an seinen Gebäuden berühmt. Die meisten Hotels im Süden der Stadt liegen in der Nähe eines schattigen Palmenhains, der zu angenehmen Spaziergängen einlädt. Sie können auch zum Belvedere hinaufsteigen – der Weg ist vom Ende der Avenue Abou el Kacem an ausgeschildert –, um den Ausblick und ein Bad in einer der 200 Quellen der Stadt zu genießen. Die folgenden drei Tagestouren beginnen alle in Tozeur.

Unter Palmen

10. Die Bergoasen

Mit dem Lézard Rouge durch die Selja-Schlucht; Rundfahrt mit dem Wagen durch die Bergoasen Tamerza und Chebika.

Die Tour ist als Tagesausflug konzipiert, aber Sie können auch in Tamerza übernachten und sich am nächsten Morgen mit dem Esel oder zu Fuß nach Midès an der algerischen Grenze aufmachen, einer weiteren Bergoase. Hinter Tamerza ist die Straße unbefestigt.

Sie sollten Tozeur nicht später als 9.45 Uhr über die Straße nach Gafsa verlassen, damit Sie rechtzeitig in Metlaoui (50 km), einer staubigen Bergwerksstadt, sind, in der unsere Tour erst richtig beginnt. Dort finden Sie den Bahnhof am anderen Ende der Stadt links von der Straße, bevor sie die Gleise überquert.

Le Lézard Rouge ist ein alter Zug, der noch aus der Zeit der Beys stammt und Metlaoui morgens um 11 Uhr in Richtung der Selja-Schlucht verläßt (außer Mo; Fahrkarte tD 10). Der Reiz der Fahrt besteht im altmodischen Charme der Waggons und der spektakulären Landschaft. Der Zug hält an der schönsten Stelle der Schlucht an, damit die Passagiere einen kleinen Spaziergang machen können, bevor es um 12.30 Uhr zurückgeht.

Zurück in Metlaoui tanken Sie und fahren zurück durch die Stadt und dann nach rechts weiter auf der Straße nach Tamerza, die hinauf ins Zentrum des Phosphatabbaus führt. In Moulares („Mutter der Bräute") folgen Sie dem Schild nach Redeyef und fahren dann im Rücken des landschaftlich schönen Hügellandes nach Tamerza (24 km; auf den Schildern wird es „Tamaghaza" geschrieben). In Ain el Karma stößt die Straße auf den Oued el Horchane, der im Sommer ausgetrocknet ist, aber im Winter zum reißenden Strom werden kann. In **Tamerza** können Sie eine Pause im neuen schicken

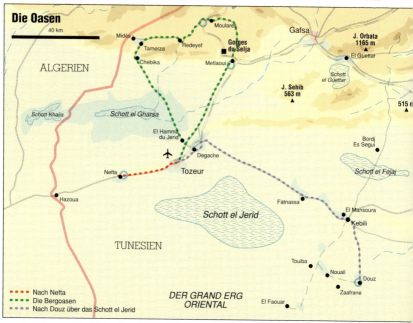

Chebika

Tamerza Palace Hotel einlegen, das sich über den verfallenden Lehmhütten von Alt-Tamerza erhebt. Danach fahren Sie durch den neuen Ortsteil und biegen links ab, über das Grundstück des Hôtel des Cascades zur *grande cascade de palmerie*. Oberhalb des Wasserfalls kann man in einem schattigen Café einen frischen Tee trinken.

Zwischen Tamerza und Chebika führt die Straße zur Ebene hinab. **Chebika** liegt auf einem Steilhang links von der Straße und bietet die gleichen Attraktionen wie Tamerza: Wasserfall, Palmenhaine und kleine Cafés. Von hier aus geht es durch die Ausläufer des Schott el Gharsa, der nicht so spektakulär ist wie das Schott el Djerid *(siehe S. 62)*, zurück zur Hauptstraße nach Tozeur. Dort können Sie in der Avenue Habib Bourguiba im **Café de l'Indépendence** noch einen späten *café au lait* genießen.

11. Sonnenuntergang über Nefta

Ein Nachmittagsausflug zur heiligen Oase Nefta.

Verlassen Sie Tozeur auf der Avenue Farhat Hached. Bis Nefta sind es 28 Kilometer auf einer geraden, aber hügligen Straße, die gelegentlich Sandwolken und Ziegen- oder Kamelherden überqueren.

Nefta ist wegen seiner Sufi-Mystiker und für seine Sonnenuntergänge berühmt, die man am besten vom **Café de la Corbeille** aus beobachten kann. Es liegt am Rand eines riesigen „Korbes" *(corbeille)* von Palmen; Sie finden es, wenn Sie am Ortseingang von der Hauptstraße rechts abbiegen und dem Schild zum Hôtel Mirage folgen. Die Straße führt oben um den „Korb" herum und endet vor dem Café neben dem Hotel.

Machen Sie es sich bequem, lehnen Sie sich zurück und sehen Sie zu, wie die Sonne versinkt. Aus der Dämmerung tönen dann mit einem Mal die langgezogenen Rufe des *muezzin*. Im Café wird auch Bier und Wein serviert, was allerdings nicht heißen soll, daß es dort keine einheimischen Gäste gibt. Nach Einbruch der Dunkelheit verwandelt es sich in ein freundliches Grill-Restaurant, das gutes und preiswertes Essen serviert.

Das heilige Nefta

12. Der Schott el Djerid

Ein Morgen- oder Abendausflug durch den Schott el Djerid nach Douz. Die Fahrt ist gut als ergänzender Abstecher geeignet, falls Sie nach Djerba und zu den Ksour unterwegs sind. (Übernachtungsmöglichkeiten in Douz, siehe „Wissenswertes" S. 87.)

Der **Schott el Djerid** ist flach und unfruchtbar, aber atemberaubend: Soweit das Auge reicht, erstreckt sich eine dicke, glitzernde Salzkruste. Es sind Reste eines riesigen Sees, der zurückblieb, als sich das Mittelmeer zurückzog. Der Schott teilt Tunesien praktisch in zwei Teile, und seine Durchquerung war nicht ungefährlich: Norman Douglas, der 1912 diese Gegend bereiste, hörte noch Erzählungen von Lastkarawanen mit 1000 Kamelen, die einfach im Schott verschwanden.

Kamele in Douz

Jetzt führt die Straße auf einem erhöhten Damm sicher durch den Schott. Sie stoßen darauf, wenn Sie Tozeur auf der Straße nach Degache und Kebili verlassen (ausgeschildert) und von Kebili aus weiter nach Douz fahren.

Nichts stört die Stille über dem endlosen Weiß. Halten Sie an und sehen Sie genau hin: Von nahem sieht die Salzschicht aus wie ein zugefrorener und verschneiter See im Winter.

In Kebili – dienstags ist dort Markttag – folgen Sie den Schildern nach **Douz**, das Sie nach weiteren 30 Kilometern auf einer geraden, palmenbeschatteten Straße erreichen. Ich finde zwar, daß Douz einfach klein und sandig und nicht so interessant wie Tozeur ist, aber seine Lage direkt am Rand des Großen Erg lockt immer eine Menge Touristen an, die auf der Suche nach „richtigen" Wüstenlandschaften sind.

Der Schott el Djerid

Folgen Sie im Ort den Schildern zur *zone touristique,* bis Sie rechter Hand die vielbesuchten Dünen sehen, vor denen schon eine Herde von Reitkamelen auf Kundschaft aus den Reisebussen wartet. Im Hotel Mehari können Sie zu Mittag essen. Falls Sie die kleinen Oasen um Douz mit dem Kamel erkunden wollen, sollten Sie im Fremdenverkehrsamt buchen oder direkt mit einem Kamelbesitzer verhandeln.

Djerba und Ksour

Die Insel Djerba ist flach, trocken und buschbewachsen. Der Legende nach hausten hier Homers Lotophagen. Seit Mitte der siebziger Jahre zieht die 783 km² große Insel europäische Urlauber in Scharen an, hat sich aber gleichwohl ihre Eigenheit bewahrt.

Nach der Eroberung Djerbas durch die Araber war die Insel zeitweilig eine Brutstätte des Kharijitismus, einer besonders puritanischen Spielart des Islam. Obwohl sie auf dem Festland schon seit dem 9. Jahrhundert ausgelöscht war, überlebten auf Djerba noch versprengte Reste dieser Sekte. Bis zum heutigen Tag sind die Einwohner der Insel als besonders fromm bekannt – es soll hier genau 246 Moscheen geben. Sicher ist, daß sie zu den interessantesten Bauwerken Tunesiens zählen.

Seit der Unabhängigkeit ist die alte und einst große jüdische Gemeinde geschrumpft, aber die letzten Mitglieder kann man in der Synagoge von El Ghriba und in Houmt Souk noch sehen.

Djerba, die Insel der Moscheen

Ich habe zwei Routen für Djerba zusammengestellt: einen Spaziergang durch Houmt Souk und eine Mopedfahrt durch das Inselinnere. Anschließend folgen zwei Ausflüge mit dem Auto durch das südöstliche Festland, erstens eine Tour von Djerba zum Troglodytendorf Matmata, zweitens eine gemütliche Fahrt durch die *ksour*. Sie beginnt in Tataouine, kann aber auch an einem längeren Tag von Djerba aus bewältigt werden.

13. Djerbas „Hauptstadt"

Ein Morgenspaziergang durch Houmt Souk.

Beginnen Sie den Tag mit einem Kaffee im **Café Zarraa** an der Place Hedi Chaker in Houmt Souk. Danach gehen Sie von hier die Rue Mohammed Ferjani hinunter, am Hotel Jerba Erriad vorbei, und biegen am Straßenende links und dann gleich wieder rechts ab, passieren das Hôtel d'Or und kommen schließlich zu einer schattigen Kreuzung. Links sehen Sie das Dach der ehemaligen französischen Kirche; biegen Sie nach links ab, so kommen Sie zur **Türkenmoschee**. Etwas weiter, bei der Rue du 2 Mars, biegen Sie rechts ab: Die **Moschee des Fremden** erkennen Sie an ihren vielen Kuppeln und dem quadratischen Minarett; die **Zaouia des Sidi Brahim** hat ein gekacheltes Kuppeldach. Leider dürfen Nichtmuslime weder die Moscheen noch die Zaouia betreten.

Stoßverkehr in Djerba

Auf dem Weg zur Moschee des Fremden sehen Sie rechts das bescheidene, aber gute **Hotel Marhala** – der Eingang ist in einem Torbogen auf der rechten Seite. Es ist in einem alten *fondouk,* einem Gästehaus für durchreisende Kaufleute, untergebracht.

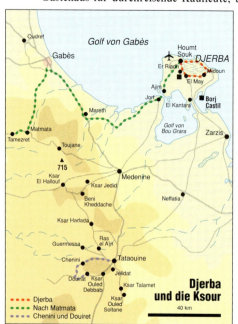

Djerba und die Ksour

Beim Atlas Voyages Tunisie biegen Sie direkt vor der Moschee des Fremden links ab und gehen am Restaurant Ettebsi vorbei, das Sie sich für das Mittagessen merken sollten. Sie biegen beim Hotel Essada rechts ab und gehen an einem großen Lederwarengeschäft links vorbei. Gleich hinter dem Hotel liegt an der Avenue Abdelhamid el Cadhi das städtische **Museum** (Sa-Do 9-12 und 15-18.30 Uhr), das in einem halbverfallenen Grabgebäude aus dem 18. Jahrhundert untergebracht ist. Das Museum zeigt Kostüme, Handwerkskünste und Einrichtungsgegenstände und bietet eine sehr gute Einführung in die Geschichte und die religiöse Vergangenheit Djerbas.

Nach dem Museum gehen Sie rechts und zurück bis zum Hotel Essada. Wenn Sie die Rue Habib Thameur in dieser Richtung weitergehen, stoßen Sie von hinten wieder auf die Türkenmoschee.

Falls Sie noch Zeit und Energie haben, können Sie sich am Ende der Rue Taieb Mehri nördlich der Türkenmoschee noch das **Borj el Kebhir** ansehen (Mo-Sa 8-12 und 14-17 Uhr). Draghut, „das gezückte Schwert des Islam", vertrieb im Jahr 1560 die Spanier aus dieser Festung. Die Schädel der 500 massakrierten Verteidiger ließ er an der Küste zu einer Pyramide aufschichten; die makabre Sehenswürdigkeit war noch bis 1848 zu bestaunen.

Unterwegs kommen Sie am größten Markt der Insel vorbei – Houmt Souk bedeutet Marktplatz. Er dürfte interessanter sein als die Basare in der Stadtmitte mit ihren Aladinlampen.

14. Zwillingsglauben

Mit dem Moped zur El-Ghriba-Synagoge in Er Riadh und zur Moschee von El May; Rückfahrt entlang der Küste. Abends ein türkisches Bad auf Djerba.

Mopeds und Fahrräder werden gegenüber dem Restaurant Ettebsi an der Rue Habib Thameur in Houmt Souk und von den großen Hotels verliehen. Packen Sie etwas zum Picknick und Badesachen ein.

Sie verlassen Houmt Souk auf der Avenue Habib Bourguiba; die Abzweigung nach Er Riadh ist sechs Kilometer außerhalb der Stadt. Wenn Sie sich dem Dorf nähern, sehen Sie schon die Schilder, die nach links zur El-Ghriba-Synagoge weisen.

El Ghriba (So-Mo 8-18 Uhr) wird von jüdischen Pilgern aus der ganzen Welt besucht. Obwohl die Gebäude aus dem 20. Jahrhundert stammen, sind die Ursprünge der Synagoge sehr viel älter. Der Legende nach fiel im Jahr 600 v. Chr. ein heiliger Stein vom Himmel, und ein geheimnisvolles Mädchen erschien, um den Bau eines Tempels zu beaufsichtigen. Das Innere ist überraschend farbenfroh ausgemalt und gekachelt. Ein Wächter führt Besucher herum, zeigt ihnen die alte Thora und die Stelle, an der nach jüdischem Ritus geheiratet wird. Eine Spende versteht sich von selbst.

Nach dem Besuch der Synagoge kehren Sie nach Er Riadh zurück, das

Die El-Ghriba-Synagoge

Am Strand

früher, als es noch das Herz der jüdischen Gemeinde auf Djerba war, Hara es Seghira („kleines Getto") genannt wurde. Von dort geht es zurück zur Hauptstraße von Houmt Souk nach El Kantara. Biegen Sie dort rechts nach **El May** ab (ca. 4 km). Die weiß gekalkte Moschee liegt nach dem Ortseingang rechts, gleich hinter der Tankstelle. Sie wird von schweren Mauern gestützt, und ihr originelles Minarett sieht wie ein Fingerhut aus.

Nehmen Sie anschließend die erste Straße links hinter der Moschee, und fahren Sie weiter nach **Midoun.** Der Weg führt zwischen Zitrusbäumen und Olivenhainen hindurch und an Gehöften und Brunnen vorbei, bei denen Sie unterwegs picknicken können.

Hinter Midoun fahren Sie weiter zur Küste und über die Hotelmeile der *zone touristique* zurück nach Houmt Souk. Der beste Badestrand ist die *plage publique* beim Hotel Penelope.

In Houmt Souk können Sie sich in einem der türkischen Bäder von den Strapazen des Tages erholen. Frauen können dasjenige beim Restaurant Mediterranée hinter der Place Hedi Chaker ausprobieren (Männer: 5-13 Uhr; Frauen: 15-19 Uhr), Männer sollten sich vom Hotelpersonal eines mit entsprechenden Öffnungszeiten empfehlen lassen.

15. Matmata, das Troglodytendorf

Ein Ausflug von Djerba zum Troglodytendorf Matmata und nach Tamezret. (Vgl. Karte auf S. 64.)

Fahren Sie am späten Vormittag los, so daß Sie am frühen Abend nach Djerba zurückkehren, wenn die untergehende Sonne das Djebel Dahar in Rosa- und Bernsteintöne taucht. Falls Sie am nächsten Tag nach Tozeur weiterfahren, können Sie auch gleich in einem Troglodyten-Hotel übernachten (siehe „Wissenswertes", S. 88).

Die Fähre von Ajim geht jede halbe Stunde; in Jorf geht es dann auf der Straße nach Mareth und in Richtung Gabès weiter, wo Sie wenige Kilometer vor der Stadt nach Matmata abbiegen. Nehmen Sie lieber nicht die Straße durch Medenine und Toudjane, weil sie streckenweise sehr schlecht ist.

Von Gabès führt die Straße nach **Matmata** hinauf ins Djebel Dahar, eine rauhe Hügellandschaft, die von einzelnen Palmengruppen und gelegentlich von den weißen Kuppeln der *koubbas* (Heiligengräber) aufgelockert wird. Nach ungefähr 30 Kilometern erreichen Sie Neu-Matmata. Dorthin siedelte Präsident Bourguiba die Bewohner des neun Kilometer entfernten Dorfes um, als er – vergeblich – versuchte, „die Lehmhütten, die unsere Landschaft verschandeln, zu beseitigen, und der Bevölkerung und den Touristen diesen Anblick zu ersparen."

Doch wieder einmal wußten örtliche Unternehmer besser, was Reisende suchen. Das alte Matmata blieb also erhalten – ein Glück für Steven Spielberg, der dort für sein Weltraumepos *Krieg der Sterne* drehte. Inzwischen hat es sich zur Touristenattraktion entwickelt. Die wenigen Gebäude, die über die Oberfläche dieser „Mondlandschaft" reichen, tauchen kurz nach dem *Bienvenue*-Schriftzug auf, der am Hang des Hügels aus Steinen gelegt ist.

In Matmata können Sie beim Hotel Marhala parken und auf einem kleinen Spaziergang einen Blick in die Höhlen werfen. Die eigentlichen Wohnkammern sind in die Seiten gegraben. Kinder werden Sie zu einem Besuch nötigen – und warum auch nicht, da Sie schon eigens hergekommen sind? Sie müssen allerdings mit einem saftigen Trinkgeld rechnen. Danach können Sie sich in einem der Cafés erholen; sämtliche Hotels bieten einen Mittagstisch.

Im Troglodytendorf Matmata

Abschließend fahren Sie zehn Kilometer zum Steindorf **Tamezret,** das hinter Matmata nach links ausgeschildert ist. Diese Berberfestung ist viel weniger besucht als Matmata und die Straße eine lohnende Panoramastrecke.

Zurück nach Djerba fahren Sie, wie Sie gekommen sind. Hungrige können unterwegs bei einem der Grill-Cafés bei Mareth, die in der Regel weit besser sind als sie aussehen, eine Pause einlegen.

Alltagsleben in einer Troglodytenhöhle

Typische Ksour-Bauten

16. Eine Kostprobe der Ksour

Eine Rundfahrt mit dem Wagen von Tataouine nach Chenini und Douiret. (Vgl. die Karte S. 64.)

Die Straße nach Chenini (20 km) ist von Tataouine ausgeschildert. Falls Sie von Djerba nach Tataouine kommen, biegen Sie am Hotel Ennour rechts ab.

Unterhalb des alten **Chenini** hat man im Tal das neue Dorf gebaut, aber viele Bewohner sind – notgedrungen oder aus freiem Willen – nicht umgezogen. Trotz der schönen Lage ist die neue Siedlung eher nichtssagend und hebt dadurch noch den Reiz des alten Dorfes und seiner weißen Moschee auf dem Hügel.

Die meisten Einwohner wohnen auf der rechten Seite des Hügelrückens, aber auch die verfallende linke Hälfte des Dorfes lohnt einen Erkundungsspaziergang. Parken Sie beim Café-Restaurant und folgen Sie dem ausgetretenen Pfad nach oben.

Von dort können Sie hinuntersehen und sich die Konstruktion der *ksour* ansehen. In die weicheren Felsschichten wurden Reihen von Höhlen gegraben, vor denen Höfe angelegt sind. Nach außen hin wird das Ganze durch die *ghorfas* (tonnenförmige Lagerhäuser) abgeschirmt, deren Innenmauern wiederum als Hauswände dienen. Achten Sie in den Wohnquartieren auf die „Hände" und andere Symbole, die den Bösen Blick abwehren sollen. Bemerkenswert sind auch die alten Olivenpressen – die schwärzlichen Verfärbungen rühren von Preßrückständen her, die an diesen Stellen ausgeschüttet wurden.

Wenn Sie vom Hügel zurückgekehrt sind, können Sie sich im Café erfrischen und dann 20 Kilometer nach **Douiret** weiterfahren: Sie können die einzige Abfahrt nach links nicht verfehlen. Weil die Strecke unbefestigt ist, sollten Sie nur weiterfahren, wenn wirklich *alle* Reifen (also auch der Reservereifen!) an Ihrem Wagen in gutem Zustand sind. Nach sechs Kilometern gabelt sich die Straße: Hier müssen Sie sich *rechts* nach El Chott halten – die linke Strecke nach Ksar Ghilane ist ausschließlich für Geländewagen mit Allradantrieb befahrbar. Die Faszination dieses Teils der Fahrt liegt vor allem in der Landschaft und der unermeßlichen Stille über den erdfarbenen Hügeln. Douiret, links hinter dem neuen Dorf, ähnelt Chenini, ist aber fast vollkommen verlassen. Die einst zahlreiche Bevölkerung – beachten Sie den Wald von grobbehauenen Grabsteinen zu Füßen der Siedlung – ist heute auf acht Einwohner zusammengeschrumpft. Das Dorf geht farblich so in seiner Umgebung auf, daß man aus der Ferne nichts außer der weißen Moschee davon sieht.

Die Asphaltstraße von Douiret führt Sie direkt zurück nach **Tataouine**, wo Sie im Hôtel La Gazelle oder in einer der zahlreichen *gargottes* bewirtet werden.

Traditionelle Tracht

Einkaufen

In den Touristenhochburgen haben Souvenirs inzwischen die hochwertigen tunesischen Handwerkserzeugnisse verdrängt. Manche der dort angebotenen Waren – namentlich Taschen, Jacken oder Messingwaren – stammen sogar aus dem Ausland. Ein Beispiel dafür ist der „Kamel"-Markt, der freitags in Nabeul am Cap Bon stattfindet. Woche für Woche werden die Touristen aus Sousse und Hammamet herbeigekarrt, und der Markt ist inzwischen zu einem riesigen pan-arabischen Basar geworden, der sich in den Straßen im Ostteil der Stadt ausbreitet. Das Warenangebot reicht von ägyptischen Papyri über marokkanische *babouches* (Schuhe) bis zu Lederjacken. Allein die Größe des Marktes scheint bereits einen Kaufrausch auszulösen. Nehmen Sie sich also in acht und bedenken Sie auch, daß viele Stücke zu Hause oft ganz anders wirken, als Sie sich gedacht haben.

Meines Erachtens sind die besten Mitbringsel und Erinnerungsstücke Korallen aus Tabarka, die schönen Holzschalen aus Ain Draham und Umgebung und eventuell Teppiche, die man überall bekommt. Mir persönlich gefallen auch die filigranen Vogelkäfige aus Sidi Bou Said und die *rose de sable*, kleine „Rosen" aus kristallisiertem Gips, die im Süden gefunden werden.

Kunstvoller Vogelkäfig

Wo immer Sie einkaufen: Feilschen Sie hartnäckig! Ihr erstes Gebot sollte ungefähr ein Drittel des genannten Preises betragen, bei etwas über der Hälfte können Sie dann einschlagen. Es gibt jedoch keine festen Regeln. Die Verhandlungen bei Teppichen, Lederjacken und ähnlich teuren Gegenständen ziehen sich oft sehr in die Länge und werden stets mit ausreichenden Mengen Tee oder Boga-Limonade geschmiert. In den Geschäften der staatlichen Gesellschaft für Kunsthandwerk ONAT *(Office National de l'Artisanat Tunisien)* gelten Festpreise.

In eleganteren Geschäften kann man größere Einkäufe meist auch mit Kreditkarte *(American Express, Visa* und *Mastercard)* bezahlen.

Schwere Töpferware

Schmuck

Die Avenue Habib Bourguiba in Tabarka besteht fast nur aus Geschäften mit Korallenschmuck. Wenn Sie wirklich etwas kaufen wollen, sollten Sie sich Zeit lassen. Sehen Sie sich in allen Läden um und fragen Sie nach den Preisen. Sehen Sie sich vor allem die Verschlüsse an, an ihnen erkennt man am besten die Qualität der Arbeit.

Landestypisch ist besonders der Silberschmuck der Berber: hufeisenförmige Broschen, schwere Ohrringe, noch schwerere Armreifen und sogar *khal-khal*, Fußreifen, die in den Dörfern des Sahel noch von einigen älteren Frauen getragen werden. Beliebte Motive sind auch „Hände", die den Bösen Blick abwehren, und Fische, die seit den Zeiten der Römer Fruchtbarkeit symbolisieren.

Leichteren, filigranen Schmuck findet man auf Djerba in Houmt Souk; schöne Goldarbeiten gibt es im Labyrinth der Schmuck-Souks um den Souk el Attarine von Tunis.

Tunesischer Schmuck

Keramik

Bekannt für ihre Töpferwaren sind Nabeul am Cap Bon, Guellala auf Djerba und Monine nahe Monastir am Rande des Sahel. Allerdings werden Sie in all diesen Orten ähnliche Ware finden: bemalte und glasierte Aschenbecher, Teewärmer, Kerzenständer und andere Staubfänger. Die wirklich schönen Arbeiten, die gewaltigen irdenen Krüge und Töpfe, sind leider schwer zu transportieren. Das gilt auch für die schönen Kacheln mit den Urnen- und Pflanzenmotiven der Moscheen, sobald man sich nicht mit Einzelstücken begnügen möchte.

Teppiche und Textilien

Tunesische Teppiche sind zwar keine rentablen Geldanlagen, aber gut und oft bezaubernd. ONAT überwacht ihre Herstellung und den Verkauf: Jeder Teppich muß ein offizielles Siegel tragen, auf dem die Kategorie angegeben ist: *deuxième choix, première choix* oder, als Spitzenware, *qualité superieure*. Maßgebend für die Qualität eines Teppichs ist die Anzahl der Knoten pro Quadratmeter (zwischen 10 000 und 490 000). Sie werden kaum echte antike Stücke finden, außer als unverkäufliche Ausstellungsstücke in einigen ONAT-Läden. Kairouan ist für seine Teppiche berühmt, aber die aufdringlichen Verkäufer nehmen einem schnell die Freude am Kaufen.

Beliebt sind auch die gewebten (d.h. nicht geknüpften) *mergoums*. Besonders die Stücke aus Gafsa und Gabès sind unverkennbar. Von ihren meist großflächigen geometrischen Mustern, die manchmal auch einfache Kamel- oder Palmenmotive aufnehmen, sind besonders Kinder begeistert. Aus den *ksour* des Südens stammen Teppiche mit feineren, dunkleren Mustern in Weinrot, Braun, Schwarz und Beige.

Die „Hochzeitsumhänge" aus der traditionsreichen Seidenweberstadt Mahdia kann man zu Hause auch gut für einen Abend in der Oper oder auf einer Party zweckentfremden.

Messing- und Metallarbeiten

Die Arbeiten sind meist ziemlich scheußlich. Sie zeigen Moscheen, Kamele, Palmen und Gazellen, und an die Stelle der traditionellen Kalligraphie ist ohnehin der Name des Urlaubsortes getreten. Wenn Sie etwas Besseres haben wollen, müssen Sie in die eleganteren Basare und die Antiquitätengeschäfte gehen – versuchen Sie es z. B. im Bazaar ed Dar (8, rue Sidi ben Arous, Tunis) oder in der Boutique des Amisin (55, Souk el Leffa, Tunis).

Holzpuppen

Gewürze, Süßigkeiten und Lebensmittel

Die Gewürz- und Kräuterstände können nicht nur Hobbyköche, sondern auch Hypochonder anlocken. Denn viele Gewürze spielen in der traditionellen Heilkunst Tunesiens eine Rolle: Absinth z. B. wird gegen Leberleiden verabreicht, Nelken helfen bei Zahnschmerzen, Kardamom ist gut für die Verdauung, und Anis schärft den Verstand. Gegen Unfruchtbarkeit und Impotenz gibt es eine ganze Reihe unfehlbarer Mittel ...

Die wichtigsten Gewürze der tunesischen Küche sind Safran, Kumin, milde und scharfe Pfefferschoten sowie Zimt. Gute Mitbringsel sind Safran, der hier sehr preiswert ist, und *ras el hanout,* eine Mischung aus 13 verschiedenen Gewürzen.

Probieren Sie auch eine Schachtel mit tunesischem Gebäck. Insbesondere *makrouth* (Gebäckröllchen mit Dattel- oder Feigenpaste) ist bei Meilleur Makrouth unübertroffen (*siehe* Tour 8, S. 54f).

Antiquitäten

Bei den Ausgrabungsorten werden Sie in der Regel von jemandem angesprochen, der Ihnen vertrauensvoll eine Statuette, Öllampe oder einige Münzen anbietet. Oft ist es sogar der Wächter persön-

Korbladen in Tozeur

lich. Die Gegenstände sind in der Regel natürlich nicht echt – und wenn doch, unbezahlbar.

Leder- und Korbwaren

Lederjacken, *babouches* (offene, ungeschnürte Schuhe), Handtaschen, Rucksäcke, Puffe, Gürtel, Brieftaschen und ähnliches, das sich als Mitbringsel eignet, werden überall angeboten.

Dasselbe gilt für Körbe, die oft mit abstrakten Blumen-, Palmen- oder Kamelmustern geschmückt sind. Binsenmatten aus Zwergpalmenblättern und Espartogras geben schöne Läufer ab. In Tunesien werden sie im Winter seit jeher als Wandbehang benutzt.

Holzarbeiten

In den ausgedehnten Olivenfeldern des Sahel werden aus dem duftenden Holz Schalen, Schachbretter und Kästchen gefertigt. In Ain Draham in der Khroumiria arbeitet man auch mit dem Thuya-Holz, das wegen seiner unvergleichlichen Farbe sehr gefragt ist. Achten Sie bei Kisten und Kästchen auf Verschlüsse und Scharniere. Besonders in den Urlaubszentren werden auch handbemalte hölzerne Sarazenenpuppen angeboten.

Fossilien und Kristalle

Neben der eingangs bereits erwähnten *rose de sable* kann man auch Fossilien bekommen. Außerdem gibt es

Meilleur Makrouth, Kairouan

Essen & Ausgehen

Am besten schmeckt's bei den Tunesiern zu Hause, denn mit wenigen Ausnahmen finden Sie in den Restaurants keine tunesischen oder nordafrikanischen Gerichte auf der Speisekarte. Neben *couscous* ist *brik à l'oeuf*, eine dünne, frittierte Teigtasche mit einer Füllung aus fast rohem Ei, Kumin, Petersilie und manchmal Thunfisch oder Kartoffeln in Zitronensaft, die berühmteste Spezialität Tunesiens. Sehr gut ist auch der *mechouia*-Salat, ein Püree aus Tomaten, Zwiebeln, gebratenen Pfefferschoten und Olivenöl, der als Vorspeise serviert wird; ebenso *kamounia*, ein Eintopf mit Lamm-, Hühner- oder Rindfleisch. Zu all diesen Gerichten bekommt man stets eine Schale *harissa*, eine sehr scharfe, würzige Soße, die einem die Tränen in die Augen treibt.

Zu den einfacheren Gerichten gehören *kefta* (würzige Fleischbälle), Leber- und Lamm-*kebabs* (Spieße), *chorba* (eine dicke Gemüsesuppe mit Lammfleisch, Reis oder Nudeln), *merguez* (Rindfleischwürste mit Paprika- und Pfefferschoten) und *tajine*, das in Tunesien bei weitem dicker gegessen wird als das Ragout, das in Marokko unter dem gleichen Namen auf den Tisch kommt.

Die eleganten Restaurants servieren meist französische oder Mittelmeer-Küche. Der Fisch ist gewöhnlich sehr gut, besonders in Tunis in der Gegend des Hafens La Goulette. Bedenken Sie aber, daß sich der Preis nach dem Gewicht richtet, es also ein teures Vergnügen werden kann. Häufig finden Sie auf der Speisekarte *rouget*, *merlan*, *loup de mer* und *thon*. Schon ein Teller *crevettes aioli* (Garnelen in Knoblauch) mit Baguette und ein Glas Celtia-Bier geben ein exzellentes Essen ab; versuchen Sie aber auch das Fisch-Couscous, vor allem auf Djerba.

Couscous

Auf den Autofahrten durchs Land ist es immer wieder ein besonderes Vergnügen, die verschiedenen Produkte zu versuchen, die an den Ständen am Straßenrand verkauft werden. Sie bekommen dort Obst, frisch gebackenes Brot und gelegentlich auch krümeligen Frischkäse. An den wichtigen Verbindungsstraßen, vor allem auf dem Weg von Medenine nach Libyen, stehen zahlreiche Grillrestaurants, wo ein Abendessen mit *mechouia,* gegrillten Lammkoteletts und *tabouna*-Brotfladen mit Safia-Mineralwasser nicht mehr als tD 4 pro Person kostet.

Alkohol, dessen Genuß der Koran untersagt, bekommt man nur in lizenzierten Restaurants, einigen Hotels und Bars. Außerhalb der großen Ferienorte sind die Trinkstuben meist recht heruntergekommen. Zu den besseren Weinen gehört der *Coteaux de Carthage* und der *Haut Mornag* – beide gibt es als Weiß-, Rot- und Roséwein –, der *Sidi Rais,* ein beliebter leichter Rosé, und *Muscat de Kelibi,* ein herrlicher goldfarbener Wein. Das tunesische Bier heißt *Celtia;* der einheimische Schnaps ist *Boukha,* ein nicht zu verachtendes Destillat aus Feigen. Viele Hotelbars und Restaurants servieren während des Ramadans keinen Alkohol, manche schließen während der einmonatigen Fastenzeit sogar ganz. Harte Getränke sind verhältnismäßig teuer, ein Gin mit einheimischem Bitter Lemon z. B. kostet mindestens tD 4.

Tee gibt es dagegen überall, meist ist er dunkel und stark, angenehm schmeckt er mit Minze oder Pinienkernen (*thé aux pignons*). Auch der Kaffee wird gelegentlich mit Orangenblüten, Zimt oder Kardamom aromatisiert oder mit Schokolade gemischt. *Café Turc* ist Mokka: süß, seidig und schwarz in winzigen Tassen.

Falls Sie Ihren Kaffee ungesüßt möchten, müssen Sie ihn ausdrücklich *sans sucre* bestellen. Aber selbst entschiedene Verächter des Süßen werden bei *baklawa,* einer Mischung aus Mandeln, Honig und *maslouqua* sowie *makrout,* den Dattel- oder Feigenröllchen, der Versuchung nicht widerstehen können.

Wenn Sie essen gehen, sollten Sie nicht zu spät damit beginnen, denn außer in den Ferienorten werden nach 21.30 Uhr generell keine Bestellungen mehr angenommen.

Auswärts essen hat in Tunesien keine Tradition, außerhalb der Hauptstadt und der großen Ferienorte sind gute Restaurants rar. Wenn Sie herumreisen, werden Sie sich oft auf einfache Garküchen verlassen müssen. Außerdem ist trotz der immensen Summen, die Tunesien in den Tourismus investiert, der Service meist nicht sonderlich gut; zögern Sie aber nicht, sich zu beschweren, falls Sie nicht bekommen, was Sie bestellt haben.

In der folgenden Liste gelten die Schlüssel: $ = unter DM 45 für zwei Personen, $$ = DM 45-90 für zwei Personen, $$$ = über DM 90 für zwei Personen; die Angaben verstehen sich inklusive Wein, falls es welchen gibt. Wo Reservierungen angebracht sind, ist die Telefonnummer vermerkt.

Straßenrestaurant

Tunis

Tunis hat die beste Auswahl an Restaurants. Die folgenden schenken alle Alkohol aus. Das Beste für wenig Geld bekommen Sie bei den Stehimbissen an der Avenue 7 Novembre.

L'ATRAGALE
17, avenue Charles Nicolle
Tel.: 01-78 50 80
Elegantes französisches Restaurant. $$$

RESTAURANT DAR EL JELD
5, rue Dar el Jeld
Tel.: 01-25 63 26
Traditionelle Küche in einem alten Stadthaus; empfehlenswert. Reservierung empfohlen. $$

M'RABET
Souk el Trouk
Tel.: 01-26 36 81
Einst hochgepriesen, inzwischen soll es sich auf seinen Lorbeeren ausruhen. Tunesische und internationale Küche. Café mit Atmosphäre (*siehe auch* Tour 1, S. 27). $$

L'ORIENT
7, rue Ali Bach-Hambra
Mein persönlicher Favorit. Gut zubereitete französische und tunesische Gerichte. Gegenüber den Geschäftsräumen der *La Presse*. $$

CHEZ NOUS
5, rue de Marseille
Bei der Mittelklasse von Tunis beliebt. Die Küche ist überwiegend international und französisch. Ich esse lieber vorne in der winzigen Bar Tapas. $$

LE COSMOS
7, rue Ibn Khaldoun
Bei Touristen und Einheimischen gleichermaßen beliebt. Gute Auswahl an Fischgerichten. $-$$

Sidi Bou Said

LE TYPIQUE ($$) und ZARROUK ($$), beide in der Dorfmitte, sind die besten Restaurants, das Zarrouk ist etwas teurer. Preiswerter und bodenständiger ist das CHARGUI. Alle drei haben Gartenrestaurants.

Hammamet

Der Ort besitzt etliche Restaurants an der Corniche und im Centre Commercial, aber viele sind teuer und nicht unbedingt gut. Empfehlenswert sind u. a. das RESTAURANT DE LA POSTE ($) und das RESTAURANT BERBÈRE ($-$$) oberhalb der Kasbah sowie das PERGOLA ($$) im Centre Commercial. Gegenüber dem Kulturzentrum an der Avenue des Nations Unies residiert das elegante RESTAURANT DU THÉÂTRE ($$).

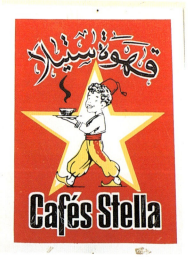

Frisches Gemüse

Bizerte

LE PETIT MOUSSE ist meines Erachtens das einzige empfehlenswerte Restaurant der Stadt. Dort serviert man schmackhaftes Essen zu annehmbaren Preisen ($$). Im Garten gibt es auch Pizza ($).

Tabarka

Von den zahlreichen *gargottes* bieten einige auch Fischgerichte an. Wenn Sie Wein zum Essen möchten, sollten Sie die Hotels oder das LA MONTAZA ($$) auf der Avenue Habib Bourguiba ansteuern.

Ain Draham

Das HÔTEL BEAU SÉJOUR bietet ein billiges, aber langweiliges *menu de jour* ($). Das HOTEL RAYANI ($-$$) ist etwas teurer und besser, doch oft von Pauschaltouristen belegt.

El Kef

Hier gibt es mehrere *gargottes*, aber das HOTEL SICCA VENERIA ist immer noch die einzige Gelegenheit, ein gediegeneres Mahl mit Wein zu bekommen. ($-$$).

Dougga

Auch hier gibt es preiswerte Grillrestaurants in der Stadtmitte, aber nur das HOTEL THUGGA schenkt Alkohol aus. Das Essen ist einfach, aber gut zubereitet und frisch. ($).

Sousse

Wie Hammamet hat Sousse eine gute Auswahl an Restaurants. Wenn Sie länger bleiben, hören Sie sich unter den Reisenden um, die schon eine Zeitlang in der Stadt sind. Zwei gute, aber relativ teure Empfehlungen mit französisch orientierter Küche sind L'ESCARGOT ($$), 87, route de la Corniche (Tel.: 2 47 79), und LA PASCHA ($$), ebenfalls in der Route de la Corniche (Tel.: 2 45 35).

Kairouan

Angesichts der Besuchermassen, von denen der größte Teil im klimatisierten LA FLEUR ($$) an der Straße nach Tunis versorgt wird, ist die Auswahl an Restaurants eher mager. Eine gleichwertig elegante Alternative ist das LE ROI DE COUSCOUS in der Rue du 20 Mars ($-$$). Es gibt in der Neustadt aber viele Rotisserien, und die Stände am Ende der Avenue de la République verkaufen gute Sandwiches. Ein einfaches Essen mit Wein bekommen Sie auch im HOTEL SPLENDID ($) in der Avenue du 9 Avril.

Tozeur

Außer den Hotels – das GRAND OASIS hat das beste Essen – hat nur das ab der Avenue Abou el Kacem Chabbi ausgeschilderte LE PETIT PRINCE ($-$$) Wein zum Essen. Mehr fürs Geld bekommen Sie im RESTAURANT DE LA RÉPUBLIQUE ($), Avenue Habib Bourguiba, und im RESTAURANT DU SUD ($), Avenue Farhat Hached.

Das L'Escargot in Sousse

Djerba

Die Seitenstraßen der Place Hedi Chaker in Houmt Souk sind voll mit Lizenzrestaurants, die alle Fisch, Gegrilltes und *couscous* servieren. Ich ziehe das etwas teurere RESTAURANT EL HANA ($$) an der Place 7 Novembre vor oder das RESTAURANT ETTEBSI in der Rue Habib Thameur ($$). Eine einfache, bodenständige *gargotte* ist das RESTAURANT CENTRAL an der Avenue Habib Bourguiba.

Feiertage & Ereignisse

Die wichtigsten Feste und Veranstaltungen Tunesiens finden Sie nebenstehend. Sie sollten sich aber jeweils noch nach den genauen Terminen erkundigen. Darüber hinaus finden in vielen Dörfern kleinere Feiern zu Ehren des *marabout* (Ortsheiligen) statt. Eine größere Zeltsiedlung vor der Stadt verrät dann die Anwesenheit von Pilgern.

Die großen islamischen Feiertage werden nach dem Hegira-Kalender festgelegt, ihr Datum variiert deshalb nach dem westlichen Kalender. Am wichtigsten ist Aid es Seghir, mit dem das Ende des Ramadan begangen wird. Es ist zwar ein Familienfest, aber die allgemeine Feststimmung färbt auch auf Außenstehende ab, besonders abends. Wenn Sie zu Aid es Seghir in der Nähe von Tunis sind, sollten Sie nach Sidi Bou Said fahren, wo am ausgelassensten gefeiert wird. Mindestens genauso wichtig wie Aid es Seghir ist Aid el Kebhir, bei dem im Familienkreis ein Lamm geschlachtet wird, um Abrahams Opfer zu gedenken. Nach dem Fest sieht man häufig die Felle und Eingeweide der Tiere auf den Dächern zum Trocknen ausgebreitet.

Noch privatere Angelegenheiten sind die Hochzeiten. In den Städten wird bei diesem Anlaß oft aufwendig in den großen Hotels gefeiert, aber auf dem Land sieht man Prozessionen trommelnder Männer und singender Frauen, denen Kamele oder Esel folgen, auf denen der Brautpreis transportiert wird: Möbel, Mehl, Zucker, Kerzen, Stoff etc. Zuletzt läuft noch ein Kalb für den Festschmaus. Auf der Insel Kerkennah bei Sfax wird im Juli oder August ein Brautfest veranstaltet.

Feiern auf dem Land

Januar/Februar

Der Festkalender beginnt mit dem **Saharafestival** in Douz, das von Weihnachten bis Neujahr reicht. Der Festplatz mit einer bescheidenen Bühne liegt hinter dem Torbogen am Ende der *zone touristique*. Tausende versammeln sich, um Kamelreiten, *fantasias* (Reiterkunststücke mit Säbelschwingen und Gewehrschüssen) und Volkstänze zu sehen. Das Saharafestival ist das spektakulärste Fest in Tunesien, es lohnt sich, dafür extra anzureisen. Vielleicht bekommen Sie in Douz selbst keine Unterkunft, aber Kebili und Tozeur sind in vertretbarer Nähe.

März/April

Zwischen April und Mai wird Cap Bon vom Duft der Orangenblüten durchzogen. Dann finden in Nabeul und Menzel Bouzelfa **Orangen-Feste** statt. Sie sind aber mit Ausstellungen und dergleichen eher belehrend als unterhaltend ausgerichtet. Der **Unabhängigkeitstag** am 20. März wird landesweit gefeiert.

Mai/Juni

Im Mai oder Juni wird an der Spitze von Cap Bon in El Haouaria das **Falkner-Fest** gefeiert. Die Darbietungen in der alten arabischen Kunst der Falknerei werden von Rahmenveranstaltungen begleitet.

Sousse begeht im Juni das **Festival des Aoussou** (Neptun-Fest), das mit seinen Umzugswagen und Riesenfiguren aus Pappmaché recht karnevalistisch wirkt. Traditionellere Vergnügen bietet das **Mahlouf-Festival** in Testour, bei dem tunesische und andere Ensembles die klassische, aus dem maurischen Spanien des 12. bis 15. Jahrhunderts stammende *mahlouf*-Musik spielen. Und im Juni wird im Amphitheater von Dougga das **Theaterfestival** ausgerichtet.

Juli/August

Auch im Juli und August steht Kulturelles im Vordergrund. Im restaurierten römischen Amphitheater von Karthago findet ein **Theaterfestival** statt, während das Internationale Kulturzentrum von Hammamet auf dem Gelände der Sebastian-Villa ein gedrängtes **Kulturprogramm** mit Theaterstücken und Konzerten anbietet, die in dem nachempfundenen griechischen Theater in der Nähe des Strandes stattfinden. Alle zwei Jahre gibt es im Juli in Kelibia am Cap Bon ein **Festival des Amateurfilms.** Ende August/Anfang September werden dann vor Djerba **Windsurfrennen** ausgetragen.

Jagdfalke

September/Oktober

Grombalià am Cap Bon veranstaltet im September ein erstaunlich nüchternes **Weinfest,** bei dem es in Ausstellungen eher um trockene Theorie als um die Praxis geht. Im Süden ist im Herbst **Datternte,** und in den Oasen wird dies durch entsprechende Feste gefeiert.

November/Dezember

Der Bauernkalender nähert sich mit der Olivenernte seinem Ende. In Sfax, der Hauptstadt der Olivenregion Sahel, wird dann ein **Olivenfest** gefeiert. Das Jahr selbst wird schließlich mit einem rauschenden **Fest in Tozeur** verabschiedet, das mit seinen Kamelrennen, Böllerschüssen und *fantasias* dem **Sahara-Neujahrsfest** in Douz ähnelt.

Wissenswertes

ANREISE

Mit dem Flugzeug

Die tunesische Fluggesellschft *Tunis Air* fliegt von den meisten europäischen Flughäfen aus direkt nach Tunis. Apex-Tickets und andere Sondertarife können die Flugkosten drastisch reduzieren – erkundigen Sie sich am besten bei Ihrem Reisebüro oder direkt bei der Fluggesellschaft. (Deutsche Vertretung von **Tunis Air:** Am Hauptbahnhof 16, 60329 Frankfurt/Main, Tel.: 0 69/25 00 41-4.)

Mit dem Schiff

Falls Sie den eigenen Wagen nach Tunesien mitnehmen wollen, sollten Sie in jedem Fall sehr frühzeitig einen Platz auf der Fähre buchen. Das gilt besonders für die Sommermonate, wenn die tunesischen

Guten Aufenthalt!

Gastarbeiter ihren Jahresurlaub zu Hause verbringen.

Von Marseille nach Tunis dauert die Fahrt mit der Fähre zwischen 21 und 24 Stunden.

In Deutschland können Sie bei **Karl Geuther & Co.,** Heinrichstraße 9, 60327 Frankfurt/M., Tel.: 0 69/73 04 75, reservieren, in Frankreich bei der Eisenbahngesellschaft **SNCM,** 61, Boulevard des Dames, 13002 Marseille, Tel.: 91 56 32 00.

Von Trapani auf Sizilien dauert die Fahrt acht Stunden, von Neapel über Cagliari und Trapani 45 Stunden und von Genua 24 Stunden. Buchen können Sie in Neapel bei **Tirrenia**, Stazione Maritima, Molo Angionino, Tel.: 7 20 11 11/ 5 51 21 81.

Von Juli bis September unterhalten *Alscafi Bavigazione* einen Jetfoil-Dienst zwischen Trapani auf Sizilien und Kelibia am Cap Bon. Die Fahrt mit dem Tragflügelboot dauert ca. drei Stunden, die Dauer ist aber sehr vom Wetter abhängig.

REISETIPS

Visum und Paß

Bürger aus EG-Ländern (außer den Beneluxstaaten) mit einem gültigen Reisepaß benötigen kein Visum. Sie bekommen normalerweise problemlos eine 90tägige Aufenthaltserlaubnis für Tunesien.

Impfungen

Wenn Sie nicht über ein bekanntes Seuchengebiet einreisen, sind keine gesetzlich vorgeschrieben. Sicherheitshalber sollten Sie sich jedoch vorbeugend gegen Cholera, Polio und Typhus immunisieren lassen.

Zoll

Besucher dürfen nach Tunesien zollfrei einführen: 1 Liter Alkohol; 2 Liter Wein; 400 Zigaretten oder 100 Zigarren oder 500 Gramm Tabak; 1/4 Liter Parfüm.

Klima und Reisezeit

Im Norden des Landes herrscht mediterranes Klima vor: heiße, trockene Sommer und milde, feuchte Winter; der Süden wird vom Wüstenklima bestimmt – samt den dafür typischen kalten Nächten.

Im Hochsommer erreichen die Temperaturen im Landesinneren stellenweise bis zu 50 °C und an der Küste über 40 °C, normalerweise wird es aber nur 37 bzw. 30 °C heiß. Im Winter beträgt die Durchschnittstemperatur in Sousse 16 °C.

Gute Reisezeiten sind der späte Frühling (Mai/Juni), wenn die Landschaft in voller Blüte steht und die Temperaturen noch erträglich sind, oder im September bzw. frühen Oktober, wenn die Hitze wieder nachgelassen hat und im Süden die Datteln geerntet werden. Im Winter (November-Februar) ist das Wetter unvorhersagbar, am wärmsten ist dann der Süden (Tozeur/Douz), am feuchtesten der Norden und die Küste.

Einzelreisende müssen im Ramadan einige Nachteile in Kauf nehmen, wenn sie sich in die touristisch weniger erschlossenen Gegenden wagen, wo in dieser Zeit die Cafés und Restaurants tagsüber geschlossen sind. Alkohol wird dort während des Fastenmonats generell nicht ausgeschenkt. Touristen in den großen Ferienorten sind vom Ramadan meist jedoch kaum betroffen.

Stromspannung

Die Stromspannung beträgt meist 220 Volt, aber manchenorts, besonders in den altmodischeren Hotels von Tunis, muß man sich seinen Weg noch in spärlicher 110-Volt-Beleuchtung suchen. Die Stecker und Steckdosen entsprechen den in Deutschland üblichen.

Zeitdifferenz

In Tunesien gilt – wie in seinem westlichen Nachbarland Algerien – die mitteleuropäische Zeit (MEZ).

KLEINE LANDESKUNDE

Religion

Tunesien ist zwar ein tolerantes muslimisches Land, aber die Religion übt immer noch den größten gesellschaftlichen Einfluß aus. Der aufkommende islamische Fundamentalismus wird durch wirtschaftliche Probleme und die hohe Jugendarbeitslosigkeit begünstigt: etwa 50 Prozent der Studenten sympathisieren mit den Fundamentalisten.

Sein Glaube erlegt dem Muslim fünf Pflichten auf: das Bekenntnis, daß es nur einen Gott gibt, Allah, und daß Mohammed sein Prophet ist; fünfmaliges Gebet am Tag; die Einhaltung des Ramadan; das Geben von Almosen; und wenigstens einmal im Leben eine Pilgerreise nach Mekka *(haji)*. Der Ramadan ist ebensosehr Tradition wie religiöses Gebot, fast jeder hält ihn ein, ob er nun guter Muslim ist oder nicht.

Die gründliche Kenntnis des Koran, in dem das dem Propheten Mohammed offenbarte Wort Allahs niedergelegt ist, wird als wichtiger Bestandteil der Bildung eines Kindes betrachtet. Viele Kin-

Religion spielt eine wichtige Rolle

der im Vorschulalter besuchen Koranschulen, in denen sie einzelne Abschnitte, die Suren, auswendig lernen.

Offiziell herrscht in Tunesien die orthodoxe sunnitische Richtung des Islam, aber in Nordafrika gibt es eine Reihe von mystizistischen sufitischen Gemeinden, die sich Allah durch Trance und Meditation zu nähern versuchen. Das wichtigste Zentrum des Sufismus in Tunesien ist Nefta, westlich von Tozeur.

Verhaltensregeln

Frauen sollten an öffentlichen Stränden nicht oben ohne baden – auch wenn viele rücksichtslose Besucherinnen dies tun. Grundsätzlich sollte man sich einigermaßen angemessen (also keine Minis, Shorts etc.) kleiden, wenn man in der Stadt unterwegs ist. Betreten Sie keine Moschee, bei der nicht eindeutig zu erkennen ist, daß Nichtmuslimen Einlaß gewährt wird (in diesem Fall wird meist

Geldwechsel

Eintritt erhoben). Im *hammam* ist es nicht üblich, die Unterhose abzulegen, wenn Sie auch nicht des Raumes verwiesen werden, falls Sie es dennoch tun. Man wird Sie eben anstarren.

Zwei Regeln sollten Sie beachten, wenn Sie bei Tunesiern zu Gast sind: Ziehen Sie die Schuhe aus, bevor Sie Teppiche betreten, und bringen Sie Alkohol als Gastgeschenk nur dann mit, wenn Sie Ihre Gastgeber sehr gut kennen. Im Ramadan sollten Sie in der Öffentlichkeit, besonders außerhalb der Ferienorte, tagsüber nicht essen, rauchen, sich küssen oder umarmen.

GELDANGELEGENHEITEN

Der tunesische Dinar wird in 1000 Millimes unterteilt, die von den Älteren verwirrenderweise manchmal noch als Franc bezeichnet werden. Der günstigere Umtauschkurs im Land selbst beträgt tD 1 für DM 1,70 (Stand August 1993).

Die Ein- und Ausfuhr tunesischer Währung ist verboten, aber Sie können bis zu 30 Prozent des gesamten eingetauschten Geldes wieder zurückwechseln. In abgelegeneren Gegenden kann es schwierig werden, Reiseschecks einzulösen. Um sicher zu gehen, und auch angesichts der eingeschränkten Öffnungszeiten der Banken (*siehe* S. 84), sollten Sie immer eine Geldreserve in tunesischen Dinar für die nächsten drei Tage vorrätig haben. Hotels wechseln meist nur für ihre Gäste. In Notfällen müssen Sie vielleicht auf die Bank im nächsten Flughafen ausweichen, die aber unter Umständen auch nur geöffnet hat, wenn ein Auslandsflug erwartet wird.

Kreditkarten (vor allem *American Express*, *Mastercard* und *Visa*) werden immer häufiger in den teureren Hotels und Restaurants akzeptiert; mit ihnen kann man in größeren Banken auch an Bargeld kommen.

UNTERWEGS

Die Entfernungen innerhalb Tunesiens sind verhältnismäßig kurz, und das Netz der öffentlichen Verkehrsmittel ist dicht, so daß Sie (mit wenig Gepäck und viel Zeit) das Land auch gut mit der Bahn, mit Bussen und Sammeltaxis *(louages)* bereisen können.

Transfer von und zum Flughafen

Vom Flughafen Monastir-Skanes fahren Züge und Taxis in die Stadt; der Flughafen von Tunis ist mit Bussen (Linie 35) und Taxis an das Stadtzentrum angebunden. Einzelreisende, die in Sfax ankommen, müssen sich vielleicht um eine Mitfahrgelegenheit im Bus einer Reisegruppe bemühen, da der dortige Flughafen offiziell militärischen Zwecken vorbehalten ist, auch wenn gelegentlich einige Charterflüge landen.

Inlandflüge

Außer den großen internationalen Flughäfen von Tunis und Monastir-Skanes gibt es Flugplätze in Sfax, Tozeur und auf Djerba. Da die Entfernungen jedoch kurz sind, besteht kaum die Notwendigkeit, im Lande zu fliegen. Andernfalls sollten Sie sich rechtzeitig um einen Flugplan bemühen, da manche Routen vielleicht nur ein- bis zweimal in der Woche geflogen werden.

Taxis

Kurze Strecken in den Städten können Sie mit dem *petit-taxi* (bis zu drei Passagiere) oder dem *grand-taxi* (größer und bequemer) bewältigen. Der Fahrpreis wird nach Taxameter abgerechnet, zwischen 21 und 5 Uhr gilt ein 50prozentiger Nachtzuschlag.

Für Fahrten von Stadt zu Stadt sind die *louages* zu empfehlen, schnelle und

Unterwegs in Tunesien

zuverlässige Sammeltaxis, die nur geringfügig teurer sind als Bahn oder Bus. Die Haltestellen der *louages* liegen oft neben den Busbahnhöfen. Die Fahrer rufen ihr Ziel aus und fahren los, wenn sie mit fünf Passagieren vollbesetzt sind.

Eisenbahn

Die SNCFT *(Société Nationale des Chemins de Fer Tunisien)* hat vier Hauptstrecken von Tunis aus: nach Bizerte im Norden; über Hammamet, Sousse und Sfax nach Gabès im Süden; über Béja und Jendouba nach Ghardimaou im Westen an der algerischen Grenze; und über El Fahs nach Kalaat Kasbah im Südwesten.

Von Sousse und Sfax fährt die Eisenbahn nach Westen zur algerischen Grenze, von Sfax aus bis nach Tozeur.

Außerdem gibt es zwei Schnellbahnen *(métro leger):* eine zwischen Tunis und La Marsa – ideal für einen Besuch Karthagos und Sidi Bou Saids; eine zweite zwischen Monastir und Sousse über den Flughafen Monastir-Skanes.

Bahnfahren in Tunesien ist preiswert, sauber und bequem, in der ersten Klasse gibt es oft Speisewagen und Klimaanlage. Fahrpläne bekommen Sie an den Bahnhöfen, bei längeren Fahrten empfiehlt es sich aber, 30 Minuten vor der Abfahrt anzukommen, um rechtzeitig den Fahrschein zu kaufen und sich einen Platz zu ergattern.

Busse

Es gibt ein dichtes Netz von Buslinien, die von verschiedenen Unternehmen bedient werden. Die Busse unterschiedlicher Firmen fahren unter Umständen von verschiedenen Busbahnhöfen ab; erkundigen Sie sich vorher genau. Der Busbahnhof von Tunis am Bab Alleoua ist gut organisiert und hat einen zentralen Auskunftsschalter. Busreisen sind sehr billig und auf den längeren Routen auch bequem.

Mietwagen

Mietwagen sind teuer. Im Sommer und um Ostern, in der Hauptreisezeit also, lohnt es sich, einen Wagen bei einer der internationalen Verleihfirmen vorzubestellen. In der Nebensaison ist es meist preiswerter, bei einer einheimischen Firma zu mieten, da man dann, besonders bei längerer Mietdauer, über den Preis verhandeln kann. *Mattei* ist eine der preiswerteren einheimischen Firmen, mit Filialen in allen größeren Städten.

Wenn Sie Ihren Wagen abholen, sollten Sie Kühlwasser, Öl, Reservereifen und Wagenheber kontrollieren. Sehen Sie sich die Versicherungspapiere genau an, besonders in Hinsicht auf Ihren Selbstkostenanteil.

Führen Sie immer die Wagenpapiere und Ihren Reisepaß mit sich, wenn Sie mit dem Auto fahren. Es gibt häufig Verkehrskontrollen, und man wird Sie zu Ihrem Ausgangsort oder zur nächsten Polizeistation zurückschicken, falls Sie ohne Papiere unterwegs sind. Nehmen Sie sich vor den Radarfallen an den Ausfallstraßen in acht – Geschwindigkeitsüberschreitungen werden mit Geldbußen geahndet. In Ortschaften darf 50 km/h, auf Landstraßen 100 km/h gefahren werden.

Beachten Sie die Parkverbote in Tunis und Houmt Souk, wo man mittlerweile sogar mit Parkkrallen arbeitet. Wenn die Geldbuße nach europäischen Maßstäben auch niedrig ist, dauert es doch seine Zeit, bis das Hindernis entfernt worden ist.

Vorsicht vor Radarfallen!

Fahrten in der Wüste

Fahrten abseits der Pisten sind nur bei angemessener Ausrüstung und in Begleitung zu empfehlen (Vierradantrieb, erfahrener Fahrer, guter Führer), und selbst dann nur in der Zeit von Oktober bis Mai. Im Sommer ist die Hitze so stark, daß sie gefährlich werden kann. Falls Sie von den befahrenen Strecken abweichen wollen, müssen Sie vorher die National-

Kamele sind überall

garde informieren und die geplante Route sowie die voraussichtliche Ankunftszeit bekanntgeben. Auch auf kurzen Fahrten müssen Sie sich mit ausreichend Wasser und etwas Proviant versorgen. Falls Sie eine Panne haben, bleiben Sie unbedingt beim Wagen und suchen Sie in seinem Schatten Schutz vor der Sonne.

ÖFFNUNGSZEITEN UND FEIERTAGE

Geschäftszeiten

Banken und Postämter sind an gesetzlichen Feiertagen geschlossen.

Banken
Sommer (Mitte Juni bis Mitte Sept.):
Mo-Fr 8-11 Uhr. – In den Hauptferienorten gibt es meist eine Bank, die zum Geldwechseln auch außerhalb dieser Zeit geöffnet ist.
Winter (Mitte Sept. bis 30 Juni):
Mo-Do 8-11 und 14-16.15 Uhr, Fr 8-11 und 13.30-15.15 Uhr.
Im Ramadan:
Falls der Fastenmonat in den Winter fällt: Mo-Fr 8-11.30 und 13-14.30 Uhr. Im Sommer normale Öffnungszeiten.

Postämter
Sommer:
Mo-Sa 8-13 Uhr.
Winter:
Mo-Fr 8-12 und 14-18 Uhr, Sa 8-12 Uhr.
Im Ramadan:
Im Winter Mo-Sa 8-15 Uhr, im Sommer normal geöffnet.

Die Geschäfte sind generell laxer bei ihren Öffnungszeiten. Auch sie schließen über Mittag meist einige Stunden – in der Regel von 12 bis 16 Uhr –, dann bleiben sie aber bis 19 Uhr oder länger geöffnet. Im Ramadan schließen die Geschäfte vor Sonnenuntergang, werden aber später wieder geöffnet.

Markttag auf Djerba

Gesetzliche Feiertage

Säkulare Feiertage

Neujahr	1. Januar
Unabhängigkeitstag	20. März
Tag der Jugend	21. März
Tag der Märtyrer	9. April
Tag der Arbeit	1. Mai
Tag der Republik	25. Juli
Tag der Frau	13. August

Religiöse Feiertage
(nach dem Mondkalender, also beweglich) *Aid es Seghir* (Tag nach dem Ende des Ramadan); *Aid el Kebhir* (Fest des Lammes); islamisches Neujahr; *Mouloud* (Geburtstag des Propheten).

Markttage

Der Name einer Stadt zeigt oft den Wochentag des Marktes an: el Had (Sonntag); el Tnine (Montag); el Telata (Dienstag); el Arba (Mittwoch); el Khemis (Donnerstag); el Djemma (Freitag); el Sebt (Samstag).

UNTERKUNFT

Tunesiens moderne Hotels sind meistens gesichtslos, vor allem an der Küste. Es gibt keine Grandhotels von Weltklasse

und überraschend wenige *auberges*. Im Süden finden Sie allerdings einige ältere, traditionelle Herbergen, die zu kleinen, einfachen, aber eleganten Hotels umgewandelt worden sind, z. B. das *Hôtel des Sables d'Or* auf Djerba.

Es gibt sechs Hotelklassen: 4-Sterne-de Luxe, 4-Sterne, 3-Sterne, 2-Sterne, 1-Stern und unklassifiziert. Mit einem eigenen Badezimmer können Sie nur bei mindestens zwei Sternen fest rechnen, aber Ein-Stern-Hotels haben meist wenigstens einige Zimmer mit Bad. Die Preise hängen im Zimmer aus und sind von der Jahreszeit abhängig. Normalerweise ist ein kleines Frühstück inbegriffen. Falls Sie als Paar reisen, sollten Sie sich vergewissern, ob der genannte Preis pro Person oder für das Zimmer erhoben wird. Meist bekommen Sie beim örtlichen Fremdenverkehrsamt eine vollständige Unterkunftsliste.

Die folgende Liste notiert Hotels in den zuvor im Führer behandelten Gegenden, mitunter gibt es ohnedies nur eine vernünftige Wahl. Außer in Tunis sind Hotels in der Regel ausgeschildert.

Die Preiskategorien:

$	unter DM 45
$$	unter DM 90
$$$	unter DM 150
$$$$	über DM 150

gelten für zwei Personen im Doppelzimmer in der Hauptsaison, die je nach Ort variiert und in der Regel an der Küste länger dauert.

Tunis

AFRICA MERIDIEN (4-Sterne-de Luxe)
50, avenue 7 Novembre
Tel.: (01) 34 74 32
Das einzige Hochhaushotel in Tunis. Gute Lage an der Avenue 7 Novembre. $$$$

ORIENTAL PALACE HOTEL (4-Sterne-de Luxe)
Avenue Jean Jaurès
Tel.: (01) 34 88 46/34 25 00
Neuer und smarter als das Meridien. $$$

HOTEL LE BELVEDERE (4-Sterne)
Avenue États Unis d'Amérique
Tel.: (01) 78 41 19
Komfortabel. $$$

HOTEL MAJESTIC (3-Sterne)
Avenue de Paris
Tel.: (01) 24 26 66/8 48
Im altmodischen, leicht verblaßten Kolonialstil. Bestehen Sie auf einem Zimmer, das nicht in der Nähe des fast jeden Abend belegten „Hochzeitssalons" liegt. $$

HOTEL SALAMMBO (1-Stern)
Rue de Grèce
Tel.: (01) 24 42 52/24 74 98
Sauberes, gut geführtes Hotel im alten Stil. Die meisten Zimmer mit Bad. $

Karthago und Sidi Bou Said

SIDI BOU SAID HOTEL (4-Sterne)
Sidi Dhrif
Tel.: (01) 74 51 29
Gute Lage. Komfortabel und stilvoll. Empfehlenswert. $$$

Tür in Sidi Bou

DAR ZARROUK (2-Sterne)
Sidi Bou Said
Tel.: (01) 27 07 92
Charaktervoll und rundherum angenehm (vormals: Dar Said). Das Haus liegt auf der linken Seite hinter dem Café des Nattes. $$

RÉSIDENCE CARTHAGE (2-Sterne)
16, rue Hannibal
Tel.: (01) 73 10 72
In der Nähe des Tophet. Klein, aber gut geführt und komfortabel. $$

EL HAOUARIA
L'Épervier (2-Sterne)
Tel.: (02) 9 70 17
Das El Haouaria ist das beste Hotel der Stadt, direkt an der Hauptstraße. Mit Restaurant und Bar. $$

DAR TOUBIB (unklassifiziert)
Tel.: (02) 9 71 63
Schilder führen Sie über Feldwege zum Hotel. Die Bungalows liegen in ländlicher Umgebung. Im Sommer angenehm, sonst etwas feucht. Eher einfache Badezimmer. $

Hammamet

An den Stränden auf beiden Seiten der Stadt reihen sich kilometerweit die Hotels der Pauschalurlauber. Das angenehmste davon ist das HAMMAMET SHERATON (Tel.: 02-8 05 33/80 2 71; $$$), es liegt jedoch 5 km von der Stadtmitte. Billiger und zentraler sind:

RÉSIDENCE HAMMAMET (3-Sterne)
Tel.: (02) 8 04 08
Zentral gelegen. Für Selbstversorger, mit Pool auf der Dachterrasse. $$

HOTEL YASMINA (3-Sterne)
Tel.: (02) 8 02 22
Liegt ebenfalls zentral; charaktervoller als die meisten anderen. Swimmingpool und schattiger Garten. $$

Jasmin ist überall schön

HOTEL SAHBI (2-Sterne)
Avenue de la République
Tel.: (02) 8 03 43
Komfortable, angenehme Zimmer – nehmen Sie eins zur Terrasse. $ - $$

Der Nordwesten

Bizerte
HOTEL PETIT MOUSSE (2-Sterne)
Route de la Corniche
Tel.: (02) 3 21 85

Sympathisch, mit exzellentem Restaurant. Bitten Sie um ein Zimmer mit Meeresblick. Vorausbuchen! $$

Tabarka

HOTEL MIMOSAS (3-Sterne)
Tel.: (08) 44 5 00
Angenehmes kleines Hotel mit schönen Ausblicken. $$

HOTEL LES AIGUILLES
Avenue Habib Bourguiba
Tel.: (08) 4 42 50
Komfortabel bei vernünftigen Preisen. $$

Ain Draham

HOTEL RHIHANA (2-Sterne)
Tel.: (08) 47 3 91/4 73 29
Im Süden außerhalb der Stadt. Funktional, aber komfortabel. $$

HOTEL BEAU SÉJOUR (unklassifiziert)
Tel.: (08) 47 0 05
Efeubewachsenes Jagdhotel mit viel Charakter, aber weniger Komfort. $

El Kef

HOTEL SICCA VENERIA (3-Sterne)
Tel.: 08-2 17 25/2 17 09
Sauber, aber unpersönlich. Die einzige komfortable Unterkunft in der Stadt. $$

Dougga/Teboursouk

HOTEL THUGGA (2-Sterne)
Tel.: 08-6 57 13
Modernes kleines Hotel in ländlicher Lage. Die Zimmer liegen an einem jasminbepflanzten Innenhof. Einfach, aber komfortabel, mit erstaunlich gutem Restaurant. Halbpension empfehlenswert.

Sousse

Zwischen Sousse und Port el Kantaoui haben sich am Strand etliche Hotels angesiedelt (2-Sterne bis 4-Sterne-de Luxe). Sie dienen hauptsächlich Reisegruppen, aber außerhalb der Saison können Sie oft noch Zimmer bekommen. Billiger und zentraler gelegen sind:

HOTEL JUSTINA (3-Sterne)
Avenue Hedi Chaker
Tel.: (03) 2 68 66

Verhältnismäßig klein. Die Zimmer, klein und komfortabel, haben alle Balkon. Kein Swimmingpool, aber direkt am Strand. Außerhalb der Saison günstige Preise. $$

HOTEL MEDINA (unklassifiziert)
Tel.: (03) 2 68 66
Einfach, aber gut geführt und sauber. Bei Hochbetrieb werden Reservierungen kaum beachtet, Sie können sich das Geld dafür sparen. Trotz der Nähe der Großen Moschee gibt es auch eine Bar. $

Kairouan

HOTEL CONTINENTAL (3-Sterne)
Tel.: 07-2 11 35
Gegenüber den Aghlabiden-Bassins und dem Fremdenverkehrsamt. Unattraktives modernes Haus, das aber einen großen Swimmingpool hat, denn Kairouan ist im Sommer sehr heiß. $$

TUNISIA HOTEL (2-Sterne)
Avenue de la République
Tel.: (07) 2 18 55/2 17 94/2 15 93
Gute Alternative zum Hotel Splendid. Komfortable Zimmer mit Ventilator und Bad. Frühstückszimmer, aber kein Restaurant. $

HOTEL SABRA (unklassifiziert)
Bab ech Chouahada
Tel.: (07) 2 02 60
Einfach, billig, sauber. Gute Lage. $

HOTEL SPLENDID (3-Sterne)
9, rue Avril
Tel.: (07) 2 05 22
Attraktiv gekacheltes Inneres. Bar und Speiseraum. $$

Die Oasen

Tozeur

HOTEL EL JERID (2-Sterne)
Tel.: (06) 5 05 54
Am Rand der Palmenhaine. Swimmingpool und Garten. $-$$

HOTEL HAFSI
Tel.: (06) 5 05 58/5 05 59
Elegantes neues Haus in der Nähe des Belvedere. $$

Ausgesprochen „splendid"

HOTEL SPLENDID (1-Stern)
Tel.: (06) 5 00 53
Zimmer mit Ventilatoren um einen Innenhof. Einfach, aber freundlich und sauber. Mit Bar. $

HOTEL FRAND OASIS (3-Sterne)
Tel.: (06) 5 04 34/5 10 53
Attraktives Hotel am Rand der Palmenwälder. Kürzlich renoviert. Einladender Swimmingpool. Häufig mit Reisegruppen ausgebucht. $$

Tamerza

TAMERZA PALACE
Tel.: (06) 45 5 44
Die Architektur des neuen Hotels ist dem benachbarten Algerien entlehnt. Swimmingpool. $$

Douz

HOTEL MEHARI (3-Sterne)
Tel.: (05) 9 51 49/9 50 88/9 55 99
Eindrucksvolles neues Hotel am Rande der Dünen. Swimmingpool und gutes Restaurant. $$

HOTEL SAHARA DOUZ (3-Sterne)
Tel.: (05) 9 52 46
Attraktiv, schön am Rand der Dünen gelegen. Swimmingpool. $$

HOTEL SAHARIEN (unklassifiziert)
Tel.: (05) 9 53 37
Etablierte, billigere Alternative. Es liegt mitten zwischen den Palmen. Swimmingpool. $-$$

Blick aus dem Hotel in Douz

Djerba und die Ksour

Djerba

Die drei im folgenden empfohlenen Hotels liegen alle in Houmt Souk in Rufweite der Place Hedi Chaker. Falls Sie aber lieber am Strand wohnen wollen, sehen Sie sich unter den Luxusherbergen der Ostküste um.

HOTEL ERRIADH (unklassifiziert)
Tel.: (05) 5 07 56
Kürzlich renoviert, wird vermutlich bald höher klassifiziert. Komfortabel. Empfehlenswert. $-$$

HOTEL DES SABLES D'OR (unklassifiziert)
Tel.: (05) 5 04 23
Kleines Hotel in einem alten Haus. Schöne Zimmer. Private Duschen, aber sehr saubere Gemeinschaftstoiletten. Empfehlenswert. $

TOURING CLUB DE TUNISIE MARHALA (unklassifiziert)
Ein alter *fondouk*, der in ein einfaches, aber charaktervolles Hotel umgewandelt wurde. $

Matmata

HOTEL MATMATA (2-Sterne)
Tel.: (05) 3 00 66
Das einzige Hotel in Matmata, das nicht in einer ehemaligen Troglodyten-Höhle untergebracht ist, deswegen aber auch bequemer. Mit Restaurant, Bar und Swimmingpool. $$

Wenn Sie die Nacht lieber unterirdisch verbringen wollen, gibt es mehrere Möglichkeiten: **TOURING CLUB DE TUNISIE MARHALA**, **HOTEL SIDI DRISS** und das **HÔTEL LE BERBÈRES**.

Tataouine

HOTEL LA GAZELLE (2-Sterne)
Tel.: (05) 60 09/6 09 13
Funktional, aber sauber und komfortabel. Die einzige angemessene Unterkunft in der Stadt. Wird regelmäßig von Reisegruppen überflutet, es ist also angebracht, im voraus zu buchen. $$

NACHTLEBEN

Tunis und die Ferienorte bieten das beste Nachtleben, aber selbst dann konzentriert es sich meist auf die Hotels und ist eher ruhig: Piano-Bar, halbleere Diskothek, Kabarett und gelegentlich Bauchtanzvorführungen. Die Hotels unterhalten ihre Gäste oft mit Volkstanzgruppen und Schlangenbeschwörern, besonders im Süden, wo es ansonsten abends nicht viel zu tun gibt.

Das von den Franzosen gebaute Theater in Tunis (Ecke Avenue 7 Novembre/Rue de Grèce) spielt nur im Winter. Das Repertoire ist gemischt und reicht von klassischer westlicher Musik und *mahlouf*, klassischer tunesischer Musik, bis hin zu populären ägyptischen Liedern und Theaterstücken. Den Spielplan finden Sie in den Zeitungen *La Presse* oder *Le Temps* abgedruckt. Die Karten sind außerordentlich günstig.

Das lebhafteste, nicht auf Touristen ausgerichtete, Nachtleben finden Sie nördlich von Tunis, zwischen La Goulette mit seinen Fischrestaurants, Sidi Bou Said mit dem Café des Nattes und La Marsa.

Ostküstenluxus auf Djerba

Tunis hat das beste Nachtleben

NOTFÄLLE

Polizei, Tel.: 1 97
Krankenwagen, Tel.: 01-78 00/7 81 00

Hygiene und Gesundheit

Das Leitungswasser ist zwar trinkbar, aber in Flaschen abgefülltes ist geschmacklich vielleicht vorzuziehen. Beliebte Marken sind u. a. *Safia* und *Melliti*.

Wie fast überall liegt die größte Gefahr für die Gesundheit des Reisenden im ungewohnten oder verdorbenen Essen und in übermäßiger Sonneneinstrahlung, besonders in Kombination mit zuviel Alkohol. Sie sollten sich daher an solche Restaurants halten, in denen das Fleisch und der Fisch, die oft zur Begutachtung ausliegen, frisch aussehen und es nicht an anderen Kunden mangelt. Nehmen Sie diesen Tip bitte nicht auf die leichte Schulter. Falls Sie nur leichte Magenbeschwerden haben, sollten Sie viel Wasser trinken.

Bei ernsthaftem Durchfall oder Erbrechen müssen die verlorengegangenen Mineralstoffe dem Körper wieder mit einem entsprechenden Präparat zugeführt werden, das Sie in den Apotheken bekommen. Der Apotheken-Nachtdienst wird in den Zeitungen *La Presse* und *Le Temps* bekanntgegeben.

Ärzte *(docteurs)* und Zahnärzte *(chirurgiens-dentistes)* sind im Telefonbuch aufgelistet. Die Honorare sind nicht hoch.

In Tunis unterhält das **Aziza Othmana Hospital**, Place du Gouvernement, La Kasbah; Tel.: 01-66 22 92, einen Notdienst.

Diebstahl/Eigentumsverlust

Der Verlust oder Diebstahl von Dokumenten oder persönlichem Eigentum sollte der Polizei gemeldet werden. Lassen Sie sich eine Verlustanzeige für die Versicherung ausstellen. Falls Ihr Reisepaß abhanden kommt, sollten Sie dies der Botschaft melden.

Amtshilfe

Die Konsulate können nicht für Arztrechnungen aufkommen oder Ihnen weiterhelfen, falls das Geld ausgeht, aber sie werden sich mit Ihrer Familie oder Freunden in Verbindung setzen und diese um Hilfe bitten. Nur bei absoluter Bedürftigkeit wird das Konsulat Ihnen ein rückzuzahlendes Darlehen gewähren.

NACHRICHTENWESEN

Luftpostbriefe und Postkarten sind nach Europa ungefähr fünf Tage unterwegs. Briefmarken bekommen Sie bei den PTT-Ämtern *(Poste, Téléphone, Télégraphe;* Öffnungszeiten *siehe* S. 84)

Telefon

Man kann von manchen Telefonzellen in Tunesien aus – meist nur in den größeren

Städten – internationale Gespräche per Direktwahl führen, aber häufiger wird man sich mit einem vermittelten Gespräch in einem Postamt zufriedengeben müssen. Die internationale Ländervorwahl Deutschlands ist 00 49, darauf folgt die Ortsnetzkennzahl ohne die erste Null. Hamburg wäre also 00 49 40.

Wenn Sie telefonieren möchten, achten Sie nicht nur auf Postämter und Telefonzellen, sondern auch auf die Schilder „Taxi Phone".

Zeitungen & Zeitschriften

Es gibt mehrere französischsprachige Zeitungen in Tunesien, z. B. *La Presse, L'Action* und *Le Temps.* Sie sind alle regierungsfreundlich und für Besucher deshalb nützlich, weil sie Veranstaltungen ankündigen sowie Zugfahrpläne und Apothekennotdienste enthalten.

In Tunis und den Ferienorten bekommt man auch eine Reihe ausländischer Zeitungen und Zeitschriften.

Fernsehen

Es gibt zwei tunesische Sender, einen auf arabisch, einen auf französisch. Darüber hinaus kann man im Norden auch italienische Sender empfangen. Größere Hotels haben Satellitenfernsehen.

Es gibt zahlreiche französischsprachige Radiosender, und man kann ohne weiteres italienische, französische und algerische Sender in Tunesien empfangen.

SPRACHE

In Tunesien wird vor allem Französisch und tunesisches Arabisch gesprochen, aber in Ferienhotels, Souvenirshops und Restaurants wird oft auch etwas Deutsch oder Englisch gesprochen. Erklärungen bei Touren mit Fremdenführer und in den Museen sind meist auf französisch. Wenn Sie etwas Französisch sprechen oder mit einem entsprechenden Sprachführer für Touristen reisen, werden Sie kaum Verständigungsschwierigkeiten haben.

SPORT

Golf

Um mehr Touristen mit Geld anzuziehen, sind die Golfplätze in Tunesien verbessert und ausgedehnt worden. Das *Tunisian Open Golf Tournament* ist inzwischen zu einer wichtigen internationalen Veranstaltung geworden.

Zur Zeit gibt es sechs Plätze guten Standards: Monastir (18 Löcher), der schönste und schwierigste (von Robert Fream entworfen); Tabarka (18 Löcher); zwei in Hammamet (18 und 45 Löcher); El Kantaoui (27 Löcher) und Tunis (der

Reiten hat Tradition

Platz war 1924 der erste Tunesiens; nicht für ernsthafte Spieler).

Reiten

An den Stränden von Sousse, Hammamet und auf Djerba gibt es Reitställe. Die Preise sind vertretbar.

Wassersport

Wasserski, Windsurfen, Segeln, Jet-Ski, Paragliding und ähnliches wird fast überall an der Küste betrieben. Die besten Tauch- und Schnorchelgebiete liegen vor Tabarka an der Nordküste.

NÜTZLICHE INFORMATIONEN

Fremdenverkehrsämter

Es gibt in allen größeren Städten Tunesiens Informationsbüros der ONTT, darüber hinaus meist auch eine örtliche *Syndicat* d'*Initiatif,* die mehr Informationen über die Umgebung liefern kann. Die Fremdenverkehrsämter sind ausgeschildert.

Tunesische Fremdenverkehrsämter im Ausland

Deutschland:
Am Hauptbahnhof 6
60329 Frankfurt/M.
Tel.: 0 69/23 18 91 und 23 18 92

Graf-Adolf-Straße 100
40210 Düsseldorf
Tel.: 02 11/35 94 14

Österreich:
Schubertring 10
1010 Wien
Tel.: 02 22/52 02 08 und 52 02 09

Schweiz:
Bahnhofstraße 69
8001 Zürich
Tel.: 01 21/1 48 30 und 1 48 31

Botschaften und Konsulate

Deutschland:
1, rue El Hamra Mutuelville
1002 Tunis, Tel.: 01-78 64 55

Österreich:
16, rue Ibn Hamelis,
1004 El Menzah, Tel.: 01-23 86 96

Schweiz:
12, rue Chenkil
1002 Tunis Belvedere, Tel.: 01-28 19 17

Spanien:
22, rue Dr Ernest Conseil
Cité des Jardins
1002 Tunis, Tel.: 01-24 57 00

BÜCHER

FLAUBERT, Gustave: *Salammbo,* Zürich (Diogenes).
Der historische Roman aus dem Jahr 1862 über die Sinnlosigkeit des Krieges spielt im Karthago des dritten vorchristlichen Jahrhunderts.
HEINRICH VON VELDEKE: *Eneasroman.* Mittelhochdeutsch/Neuhochdeutsch, Stuttgart (Reclam).
SCHLIEPHAKE, Konrad: *Tunesien,* Stuttgart (K. Thienemanns).
Ausführliche Informationen über Geographie, Geschichte, Kultur, Religion, Staat, Gesellschaft, Bildungswesen, Politik und Wirtschaft. (Stand: 1984.)
Tunesische Spezialitäten – 3000 Jahre Eßkultur, Wien (Weingarten).
Reich bebilderter und interessanter Führer durch die kulinarische Geschichte Tunesiens, angefangen bei den Karthagern bis zu den orientalischen Delikatessen von heute.

Auf dem Heimweg

REGISTER

A

Agothokles von Syrakus, 38
Aghlabiden, 15, 19, 24
Ahmed Bey, 16, 25
Ain Drahan, 42, 70, 73, 77
Ait Atrous, 34
Ali Pascha, 23, 24, 42
Ali Pascha II., 23
Algerien, 17
Almohaden, 19
Antiquitäten, 72

B

Babouch, 42
Bardo-Museum (Tunis), 20, 27, 58
Ben Ali, Zine alabidine, 18, 19
Berber, 15, 40, 55
Bizerte, 15, 37, 39, 77
Bourguiba, Habib, 17, 18, 19, 24, 29, 56–57
Bulla Regia, 40, 43

C

Cap Bon, 5, 13, 18, 34–36, 70, 79
Cato, 14
Chebika, 61
Chenini, 68
Christianisierung, 16

D

Dido, 12
Djebel Nadour, 38
Djerba, 5, 59, 63–66, 74, 77, 79
Dougga, 14, 45–47, 77, 79
Douglas, Norman, 62
Douiret, 68
Douz, 62, 79

E

El Djem, 14, 56, 58
El Hammam, 47
El Haouaria, 35, 79
El Kef, 44–45, 77
El Krib, 45
El May, 66
Er Riadh, 65

F, G

Falknerei, 35, 79
Fatimiden, 68
Fernana, 43
Ferry, Jules, 39
Fliegende Teppiche, 52
Fossilien, 73
Ghar el Melh, 37, 38–39
Gide, André, 33
Grananda, 19
Grombalia 34, 79
Golf von Gabès, 5, 19

H, J

Hadrian, 14
Hafsiden, 16, 19
Hammamet, 36
Hannibal, 13, 19
Holzarbeiten, 73
Houmt Souk, 64–65, 66, 71
Ichkeul, See, 20, 37, 39
Jendouba, 40
Jerid, 59
Justinian, 14

K

Kairouan, 5, 15, 19, 24, 51–55, 71, 77
„Kamel"-Markt, 70
Karthago, 12, 13, 19, 20, 29–32, 79
Kebili, 62, 79
Kelibia, 36, 79
Keramik, 71
Kerkennah, 78
Kerkouane, 13, 35–36
Khaldoun, Ibn, 19, 22, 24
Kharijiten-Sekte, 15, 19, 63
Khroumiria, 40–44
Klee, Paul, 51, 57
Korbous, 34
Korbwaren, 73
Korsaren, 16, 41
Kristalle, 73
Ksour, 5, 59, 68

L

La Goulette, 28, 29, 74
La Marsa, 28, 29
Lebensmittel, 72
Lederwaren, 73
Lézard Rouge, 60
Ludwig IX., 19

M

Mahdia, 15, 19, 57, 72
Makhtar, 14
Mareth, 66
Matmata, 66, 67
Mejerda, Fluß, 38, 40
Menzel Bouzelfa, 79
Messing, 72
Metallarbeiten, 72
Minarette, 16
Metlaoui, 60
Midoun, 66
Monastir, 5, 48, 56

N, O

Nabeul, 34, 70, 71, 79
Nafaa, Oqbaa Ibn, 14, 15, 19
Nefta, 5, 61
Omajaden, 24
Osmanisches Reich, 16, 17, 19

P, R

Phönizien, 19
Piraten, 19
Plage Rtiba, 34
Port el Kantaoui, 17, 48, 56
Punische Häfen, 30–31
Punische Kriege, 13, 14, 19, 44
Punisches Reich, 12, 13
Ramadan, 75, 78
Römische Ruinen, 29–32, 43, 46–47, 58
Rom, 13, 14, 19

S

Sbeitla, 14
Schmuck, 70
Schott el Gharsa, 61
Schott el Djerid, 59, 62
Scipio, 38
Selja Gorge, 60
Septimius Severus, 47
Sfax, 15, 19, 78, 79

Sidi Ali El Mekhi, 38
Sidi Bou Said, 20, 28, 32–33, 70, 76, 78
Sousse, 15, 17, 48–51, 77, 79
Spielberg, Steven, 67
Süßigkeiten, 72

T

Tabarka, 40, 41–42, 70, 71, 77
Takrouna, 51, 55, 56
Tamerza, 60
Tamezret, 67
Tataouine, 68
Teboursouk, 45, 47
Tell, 5, 40, 43, 52
Teppiche, 53, 71–72
Testour, 79
Textilien, 72
Tozeur, 5, 59, 60, 77, 79
Troglodyten, 59, 66-67
Tunesienfeldzug, 19, 56
Tunis, 15, 16, 19, 20–28, 74, 76
Tunis, See, 29

U-Z

Unterkunft, 85-88
Utica, 37, 38
Wandalen, 14, 19
Zembra, 35
Zirkusspiele, 28
Zitouna-Moschee, 21, 22, 24

Fotografie	J. D. Dallet *und*
6/7, 26a, 30, 41, 44, 45	David Beatly
47, 48, 55a, 63, 65, 69, 78, 13	Mary Evans Picture Library
Handschriften	V.Barl
Umschlagentwurf	Klaus Geisler
Karten	Berndtson & Berndtson
Electronic publishing	Oskar Klappenberger

NOTIZEN

NOTIZEN